당신의 분노는
무기가 된다

ANATA NO IKARIWA BUKINI NARU

by Shunsuke ANDO

© Shunsuke ANDO 2020, Printed in Japan
Korean translation copyright © 2021 by Hainaim Publishing Co., Ltd.
First published in Japan by KAWADE SHOBO SHINSHA Ltd. Publishers, Tokyo.
Korean translation rights arranged with KAWADE SHOBO SHINSHA Ltd. Publishers, Tokyo.
through Imprima Korea Agency.

당신의 분노는 무기가 된다

안도 슌스케 지음 | 부윤아 옮김

분노에
휘둘리지 않고
내 삶의 주인이 되는
원칙들

ANGRY

차례

3장 ── 분노를 다루는 자가 분노를 지배한다

4장 ─ 당신의 분노는 무기가 된다

일러두기

1. 본문의 글 중 서체를 변경하고, 윗첨자로 표기한 것은 옮긴이가 독자들의 이해를 위해 덧붙인 글입니다.

2. 이 책에서 인용한 기사와 SNS의 링크는 일본어 원서에 있던 글을 그대로 실은 것으로, 본문 하단에 각주로 표기했습니다.

3. 책 제목은 겹낫표(『 』), 편명, 논문, 보고서는 홑낫표(「 」), 신문, 잡지는 겹꺾쇠(《 》), 영화, TV 프로그램 등은 꺾쇠(〈 〉)를 써서 묶었습니다.

프롤로그

    분노는 일반적으로 사람들에게 부정적인 감정이라는 이미지가 있다. 분노 때문에 인간관계를 망치거나 미움을 받거나 피곤해지는 등 분노는 좋지 않은 일만 만든다고 생각하는 사람이 많을 것이다. 하지만 나는 이 책을 통해 분노를 긍정적인 감정으로 바꾸고, 개인과 사회에 이로운 무기로 사용할 수 있는 방법에 대해 이야기하려고 한다.

    나는 앵거 매니지먼트 전문가로 평소에는 기업, 교육 현장 등에서 강연과 컨설팅을 하며 분노와 관련된 문제를 다루는 일을 직업으로 삼고 있다.

분노라는 감정의 긍정적인 면에 대해 잘 알고 있는 전문가로서 많은 사람이 분노에 대해 오해하고 있다는 사실이 늘 안타까웠다. 화를 내는 사람은 다른 사람들에게 미움을 받는다고 생각하기 쉽지만, 세상에는 화를 내는데도 사람들의 마음을 사로잡아 끌어들이는 사람도 있다.

이 책에서는 분노를 잘 다루는 사람은 대체 무엇이 다른지를 밝히고 누구나 그런 사람이 될 수 있는 방법에 대해 생각해본다. 다시 말해 분노의 감정을 소중하게 여기며 많은 사람의 공감과 지지를 받는 방법이다. 더 나아가 개인적인 분노를 사회 전체로 확산시킬 방법에 대해서도 고찰한다.

분노가 무기가 된다는 것은 대체 어떤 의미일까? 평소에 다루기 까다로운 감정인 분노가 자신은 물론 사회에 커다란 변혁을 일으킬 무기가 된다면 그만큼 마음이 편해지는 일은 없을 것이다. 왜냐하면 자신이 화를 내면 삶의 질이 높아지고 나아가 사회가 발전할 수 있는 계기가 되기 때문이다.

반대로 분노라는 감정을 제대로 다루지 못한다면 때로는 모두를 해치는 무기가 되기도 한다. 분노를 느끼고 그로 인한 문제를 해결한다고 하면 흔히 보복, 앙갚음, 복수 같은 단어가 떠오를 것이다. 복수는 일반적으로 개인적인 원한을 갚기 위해 보복하는 일이라 결코 아름답다고 할 수 없는 행동이다.

하지만 복수극은 옛날부터 대중들이 좋아하는 주제 중 하나였다. 복수를 모티브로 한 이야기는 항상 있어왔고, 많은 관심을 받았다. 그래서 복수를 테마로 하여 크게 인기를 얻은 이야기는 헤아릴 수 없을 만큼 많다. 또 복수를 의미하는 단어는, 일본의 한 출판사가 한 해 동안 많은 사랑을 받거나 화제가 되었던 키워드들을 발표하는 '유 캔 신조어 유행어 대상'에도 종종 선정된다.

복수는 지극히 개인적인 분노에서 출발한다. 예를 들어 회사 동료에 대한 개인적인 분노 때문에 복수를 결심한 사람이 의견을 물어보는 상황을 생각해보자. 그런 사람에게 당신 말이 전부 옳다며 복수를 적극 지지하는 사람은 웬만해서는 없을 것이다. 그렇다면 이런 차이는 대체 어디에서 오는 걸까?

자세한 설명은 4장에서 다룰 테지만, 복수 같은 개인적인 분노라고 해도 정의, 공감, 시대성이라는 조건을 갖추면 사회의 지지를 받을 수 있다. 반대로 그 조건에 해당되지 않는 분노는 지극히 자기중심적인 것으로 아무도 지지하지 않을 뿐만 아니라 독선적이라는 말까지 듣게 된다. 하지만 복수처럼 나쁜 일이라고 여겨지는 행위에서도 조건을 갖추면 많은 사람의 지지를 얻을 수 있다.

우리는 결코 분노에서 자유로울 수 없다. 분노는 사람이라면 누구나 느끼는 자연스러운 감정이고 또 그 나름의 역할이 있기 때문에 그 감정을 느끼지 않고 살 수 없다. 오히려 분노가 없으면 안전하게 살아갈 수 없을 정도다. 느낄 수밖에 없는 감정이라면 긍정적인 요소를 무기로 사용하는 편이 앞으로의 인생을 더욱 풍요롭게 만들 수 있을 것이다.

지금 느끼는 분노가 자신을 부정적인 방향으로 이끌고 있는가? 그렇지 않으면 긍정적인 방향으로 이끌고 있는가?

분노라는 감정은 부끄러워할 것도, 나쁜 것도 아니다. 다만 어차피 느끼는 감정이라면 분노를 이용하여 무언가 의미가 있는 일을 하자는 것이다.

나는 여러분이 이 책을 통해 분노가 자신의 인생을 바꾸고 나아가 더 좋은 사회를 만드는 무기로 활용되는 힌트를 얻길 바라는 마음이다.

1장

분노에는
의미가 있다

ANGRY

분노는
나쁘지 않다

우리 사회는 대체 언제부터 분노를 좋지 않은 것이라고 인식하게 되었을까?

TV, 신문, 인터넷 등에 나오는 뉴스를 보면 매일같이 분노에 얽힌 화제로 시끄럽다. 쉽게 화를 내는 중년들에 대한 이야기, 버스나 택시기사에게 폭력을 휘두르는 사건, 최근 들어 사회 문제로 떠오르며 사람들의 관심을 모으고 있는 보복 운전 등 실로 다양하다.

이 책을 집필하고 있을 때는 2020년 봄으로 코로나 19 바이러스가 확산되기 시작하면서 전철 안에서 기침을 한 것 때문에 시비가 붙고, 화장지를 구하기 힘들어진다는 거짓 정보가 떠돌면서 많지 않은 재고를 두고 가게 앞에서 주먹질을 하는 등 뉴스에서는 분노 때문에 일어난 사건이 연이어 보도되고 있다. 어떤 뉴스를 봐도 겨우 그런 일로 화를 내는 것은 좋지 않다는 논조이다.

물론 나도 뉴스에서 보도되는 이런 사람들을 옹호하려는 것은 아니다. 그들은 능숙하지 못한 방식으로 분노를 표출함으로써 스스로 인생을 망가뜨리고 있을 뿐만 아니라 주위 사람들에게도 큰 피해를 끼치고 있다.

하지만 그렇다고 해도 화를 내는 사람을 한데 묶어 화를 내는 것은 좋지 않은 일, 부끄러운 일, 어리석은 일이라고 보도하는 방식에 대해서는 큰 의문을 가지고 있다. 화를 내는 사람에게는 화를 내는 나름의 이유와 정의가 있기 때문이다. 설령 그것이 세간에서는 이해받지 못하는 일이라고 해도 말이다.

분노에서 나온 말과 행동 때문에 일어난 문제에 대해서는 비판을 하거나 규탄하면 된다. 다만 개개인이 분노를 느낀 이유에 대해 다른 사람이 이러쿵저러쿵 말하는 것은 문제의 핵심을 알지 못하는 것이다. 개인이 어떻게 느끼고 어떻게 생각하는지 그 자유는 누구나가 가지고 있는 권리이기 때문이다.

분노 자체는 문제가 되지 않는다. 분노는 나쁘지 않다. 앞으로 차

차 이야기하겠지만 분노에도 기능과 역할이 있기 때문에 어떤 방법으로도 사람으로부터 분노를 없앨 수는 없다. 다시 말해 분노라는 감정 그 자체를 부정해서는 안 되고, 그런 인상을 주는 보도나 교육을 해서는 안 된다는 것이다.

나는 화를 내는 것이 나쁜 일이고 문제 있는 일이라고 보도하는 언론에게 화를 내지 않는 것이 정말 옳다고 생각하는지 되레 묻고 싶다. 만약 정말로 화를 내지 않는 것이 옳다면 모두가 화를 내지 않게 되었을 때 이 세상은 어떻게 될까?

세상 사람 모두가 온화해진다면 분쟁이 줄어들고 다양한 문제가 해결될 것처럼 보인다. 하지만 아무도 화를 내지 않는다고 해서 그 세상이 결코 천국처럼 좋은 세상이 되지는 않는다. 왜냐하면 분노는 무언가를 변화시키기 위한 원동력이자 동기가 되기 때문이다.

화를 내도
인기 있는 사람

일반적으로 우리는 툭하면 화를 내는 사람을 어른스럽지 않고, 대하기 어려운 사람으로 여기며 멀리하거나 싫어한다. 그들은 결코 존경받는 대상이 아니다. 그런데 또 한편으로는 어느 시대에나 '화내는 사람'으로 인기를 누리는 사람이 있다. 그런 사람들은 분노하는 모습으로 인기를 얻는다.

사람들은 나도 저런 식으로 화를 내고 싶다, 가식 없이 말해보고 싶다, 타인을 신경 쓰지 않고 행동하고 싶다는 생각을 하며, 분노하고 거침없이 자신의 의견을 내세우거나 행동하는 사람을 선망의 대상으로 삼기도 한다.

분노하는 모습으로 인기가 있는 사람은 일본 정치계에서도 많이 찾아볼 수 있다.

일본 현대 정치사상 가장 치열한 권력 투쟁을 했던 정치인 후쿠다 다케오와 다나카 가쿠에이의 경우를 살펴보자. 후쿠다 다케오는 일류 규세이고등학교, 도쿄테이코쿠대학(현 도쿄대학), 대장성(현 재무성)이라는 엘리트 중에서도 엘리트의 길을 걸어왔다. 반면 다나카 가쿠에이는 고등소학교 19세기 후반부터 제2차 세계대전이 발발하기 전 시기에 존재한 후기초등교육, 초기중등교육의 기관 명칭으로 현재의 중학교 1, 2학년에 해당한다 졸업 학력으로 개천에서 용 나듯 간신히 성공했다. 엘리트였던 후쿠다 다케오에 비해 다나카 가쿠에이는 분노를 더 쉽게 표출했다. 그리고 그것이 인간적으로 더 친근하게 느껴졌기 때문에 사람들에게 더욱 절대적인 인기를 얻었다고도 할 수 있다.

하마코라는 별명을 가진 하마다 고이치도 화를 내는 모습이 익숙한 정치인이다. "잘 들어, 소중한 아이들의 시대를 위해서 자민당이 있다는 걸 잊지 마! 너희만을 위해서 자민당이 있는 게 아니야!"라고 얼굴을 시뻘겋게 붉히며 자민당 본부 내에 설치된 바리케이드를 철거하는 모습은 지금도 많은 이들의 기억에 선명하게 남아 있다. 이렇듯 온후하고 지적인 정치인보다도 분노하며 자신의 생각을 거침없이 드러내는 정치인이 어쩐지 더 기억에 남는다.

스포츠계에도 화를 내는 모습으로 인기가 많은 사람이 있다. 투사라고 불린 호시노 센이치 감독도 프로 야구 선수 시절부터 감독 시절에 이르기까지 필드와 더그아웃, 거기에 더해 시합 후의 인터뷰 자리에서마저 화를 내는 모습을 자주 보였다.

미국 프로 테니스 선수인 존 매켄로는 어떨까. 그가 코트에서 화를 내며 심판에게 대들고, 폭언을 내뱉으며 라켓을 부러뜨리는 모습은 지금도 선명하게 떠오른다. 악동이라고 불리면서도 무척 인기가 있는 선수였다. 화려한 플레이나 성적보다도 이런 모습으로 사람들의 기억에 남는 선수들은 종종 눈에 띈다.

화를 내는 사람이 더 기억에 남고, 어떤 의미에서는 영웅처럼 쉽게 치켜세워지는 경향이 있는 것은 무척 흥미로운 일이다. 예능 프로그램을 비롯한 각종 방송에서도 화를 내는 모습으로 인기를 얻는 사람은 늘 등장한다. 그들의 경우 급기야 분노가 개인기의 하나가 될 정도로 화를 심하게 내는데도 인기를 얻는다.

화를 잘 내는 사람으로 내가 가장 먼저 떠올리는 인물은 오시마 나기사 영화감독이다. 일본인들에게 오시마 감독은 위대한 영화감독의 이미지보다는 화를 잘 내던 사람이라는 인상이 있다. 그는 생방송 프로그램에 나와서도 화를 잘 냈고, 1990년 결혼 30주년 기념식에서는 노사카 아키유키 작가와 주먹다짐까지 했는데 그 모습은 지금도 많은 이들의 기억에 강렬하게 남아 있다.

또 점성술가 호소키 가즈코도 화를 내는 사람으로 인기를 얻은 유명인 중 한 사람이다. 상담을 해주는 인기 TV 프로그램에 출연하여 욕에 가까워 보이는 말을 거리낌 없이 내뱉었고, 그녀가 자주 하던 말 "당신은 지옥에 떨어질 거야"는 유행어처럼 인기를 누렸다. 상담자들은 군이 야단을 맞고 욕을 듣고 싶어서 그 프로그램에 참여했다. 호소키 가즈코에게 점을 보고 싶다는 사람은 누군가가 자신을 확실하게 꾸짖어주었으면 좋겠다고 생각하는 사람들이었다. 그리고 그런 사람이 상당히 많았기 때문에 그 당시에 그녀를 TV 화면에서 보지 못하는 날은 없었을 정도였다. 매년 출판되는 그녀의 책도 예외 없이 베스트셀러가 되어 연간 판매 순위 상위에 늘 올라 있었다.

최근에는 개그 콤비 고쿠라쿠톤보의 멤버 가토 고지가 쌈닭 캐릭터로, 코미디언 커닝다케야마도 투덜이 캐릭터로 인기를 얻고 있다.

내가 대표이사를 맡고 있는 '일본 앵거 매니지먼트 협회'가 진행하는 '자신을 혼내줬으면 하는 유명인 랭킹 조사'에서 마쓰코 디럭스는 2015년부터 2019년까지 5년 연속 1위를 차지했다. 지금 일본에서 가장 자신을 혼내줬으면 하는 유명인이라고 해도 과언이 아닐 것이다. 마쓰코 디럭스가 1위에 뽑힌 이유는 대부분 제대로 화를 내줄 것 같다, 애정을 담아 화를 내줄 것 같다, 나쁜 것은 나쁜 것이라고 분명하게 말해줄 것 같다는 내용이었다. 또 마쓰코 디럭스에게 혼나기 위해 적극적으로 찾아가보고 싶다는 사람도 많이 보였다.

앞에서 언급한 점성술가 호소키 가즈코도 그랬지만, 스스로 꾸지람을 듣고 싶어 하는 사람은 사실 세상에 꽤 많다. 일반적으로 생각해보면 사람은 누구나 꾸지람을 듣고 싶어 하지 않을 것 같지만 실제로는 그렇지도 않은 것이다. 많은 사람은 자신이 받아들일 수 있다면 나서서 적극적으로 꾸지람을 듣고 싶어 한다.

화를 내는 사람, 분노를 솔직하게 표현하는 사람, 그 분노로 어떤 눈에 띄는 말과 행동을 하는 사람은 사회에서 미움을 받을 것이라는 일반적인 이미지와는 달리 좋은 평가를 받으며 오히려 인기를 얻고는 한다.

분노로
사회는 발전했다

행복에 젖어 웃음이 흘러나오는 때를 상상해보자. 행복한 분위기에 둘러싸여 자신이 놓여 있는 상황이 만족스럽고 어떤 불만이나 불안도 느끼지 않는다.

평온한 시간이 흘러가고 느긋한 분위기를 즐기면서 영원히 이 시간이 이어졌으면 좋겠다고 막연히 생각한다. 행복할 때는 무언가를 바꾸고 싶은 마음도 들지 않는다. 오히려 아무것도 변하지 않았으면 좋겠다고 생각한다. 분노를 느끼지 않고 현재 상태를 받아들이는 사람은 좋든 나쁘든 미래를 변화시키고 싶다고 생각하지 않는다. 시간이 멈춰 지금이 계속된다면 좋겠다고 생각할 뿐이다. 불안한 내일이 오는 것보다도 행복한 지금이 앞으로도 이어지기를 바라는 것은 자연스러운 일이다.

반면 어떤 일에 대해 분노를 느끼는 사람은 어떨까? 그 사람은 현재 상태에 커다란 불만을 가지고 미래에 대한 불안을 느낄 것이다.

갓난아기조차도 불만이 있으면 울음을 터뜨려 자신의 감정을 표현하여 욕구를 충족하려고 한다. 어른이라면 현재 분노를 느끼는 상태와 문제에 대해서 어떻게 하면 해결할 수 있을지 생각하고 행동할 수 있다. 물론 사람은 강하지 않기 때문에 분노를 느꼈다고 해도 아무런 행동을 취할 수 없을 때도 있다. 또 분노에 따라 행동을 옮겼다고 해도 그것이 무척 개인적이거나 독선적인 것으로 끝나버리는 경우도 있다.

배신한 친구에게 개인적으로 원한을 갚고 싶다, 거래처의 비합리적인 조치에 대해 어떻게든 분노를 표출하고 싶다, 상사에게 한 번이라도 좋으니까 마음껏 불만을 토로하고 싶다 등 터무니없는 일이라는 것을 알면서도 이 분노를 표출하고 발산하고 싶어 하는 것이 인간이다.

다만 그중에는 개인적인 분노에서 출발하여 사회를 움직이는 커다란 분노로 바뀌는 경우도 있다.

개인적으로 지금의 사회에 어떤 분노를 느꼈다고 가정해보자. 그 분노를 다른 사람에게 이야기하거나 나름대로 생각하여 행동을 하는 과정에서 어느 사이엔가 많은 사람들이 내 감정에 공감하고 나아가 사회적인 분노가 되어 현 상황을 타파하는 움직임으로 변하게 된다면 그 사례가 여기에 해당한다.

민중의 분노가 사회를 바꾸는 사례는 세계 역사를 살펴보아도 전혀 드물지 않다. 오히려 민중의 분노에 의해 이전까지의 부조리한 상황이 무너지고 사회가 더 좋은 방향으로 발전해왔다고 말할 수 있다.

역사적으로 일어난 몇몇 농민 폭동의 경우도 지배자에 대한 농민들의 분노가 원동력이 되었다. 그 분노는 과도한 소작료 징수를 강요받아 생활을 꾸려나갈 수 없다는 비통한 목소리가 겉으로 드러난 것이었다.

프랑스 혁명은 어떤가? 세계 역사상 상당히 중요한 혁명으로 여겨지는 이 혁명도 당시 사회 체제에 대한 민중의 분노가 역사를 움직인 에너지가 된 사례다. 미국의 독립전쟁, 유럽의 베를린 장벽 붕괴, 그 외에 셀 수 없을 만큼 많은 사회적인 혁명과 변혁이라고 불리는 역사의 커다란 전환기 뒤에는 항상 누군가의 개인적인 분노가 있었고, 그것이 사회적인 분노로 이어졌다. 물론 모든 사회적 혁명과 변혁이 성공했던 건 아니고, 그 변화가 반드시 많은 사람을 행복으로 이끌었다고도 할 수 없지만, 적어도 그 후 사회가 크게 변화한 것만은 틀림없다.

분노가
필요한 이유

분노는 나쁜 것.

분노는 부끄러운 것.

분노는 어른스럽지 못한 것.

언젠가부터 우리는 이런 교육을 받아왔다. 그 탓에 분노를 표출했을 때 죄악감과 떳떳하지 못한 기분을 느끼는 사람이 대다수이다. 또 그 죄책감으로 인해 괴로워하면서 마음에 상처를 입는 사람도 있다. 마음에 상처가 있는 사람은 그 부분을 찔리거나 스치기만 해도 아프기 때문에 다시 화를 내는 악순환에 빠진다.

애초에 분노라는 감정은 대체 무엇을 위해 있는 것일까?

분노라는 감정은 사람이라면 모두 자연스럽게 갖추고 있는, 누구나 느끼는 감정이다.

매우 드물게 화를 내본 적이 없다는 사람도 있기는 하지만 그런 사람은 실제로 분노의 감정이 들더라도 그것이 분노라고 인식하지 못했을 뿐이다. 사람이 동물인 이상 분노의 감정은 반드시 존재한다. 오히려 없으면 안 되는 감정이다.

분노의 감정은 방위 감정이라고도 불린다. 다시 말하면 자신의 몸을 지키기 위해 존재하는 감정이다.

이것은 1929년에 미국 생리학자 월터 캐넌이 제창한 '투쟁·도피 반응'으로 설명된다. 투쟁·도피 반응이란 공포에 대한 생물의 반응을 가리킨다.

생물은 눈앞에 적이 나타났을 때 아무것도 하지 않으면 살아남을 수 없다. 그렇기 때문에 투쟁·도피 반응이 일어나 싸울 것인가, 아니면 도망칠 것인가를 선택하여 살아남는 생존 전략을 취한다. 분노를 느낄 때 신체에서 생기는 변화는 바로 이 투쟁·도피 반응이 일어날 때와 같은 메커니즘으로 작동한다.

예를 들어 분노를 느끼면 교감 신경이 활발하게 움직이며 아드레날린 등의 호르몬을 방출하여 신체가 전투 상태에 돌입한다. 다시 말해 화가 난 것은 자신에게 갑자기 들이닥친 어떤 위험을 느꼈다는 증거다.

만약 그 상황에서도 분노를 느끼지 않는다면 다가오는 위험을 눈치채지 못한 것이기 때문에 자신을 보호할 수 없다. 분노는 지금 눈앞에 위험이 있으니 몸을 보호해야만 한다고 알려주는 신호인 것이다.

하지만 우리 인간은 자연 속에서 살아가는 동물과 달리 일상생활에서 생명의 위험에 노출되는 경우가 거의 없다. 그렇다면 인간은 대체 어떤 상황에서 위험을 느낄까?

자신이 소중하게 생각하는 가치관, 사고방식, 사회적 위치 같은 것이 위협받는 상황일 수도 있고, 자신에게 있어 무엇과도 바꿀 수 없는 소중한 가족, 친구, 반려동물 등이 위험에 노출된 것 같은 상황일 수도 있다.

예를 들어 '공공장소에서는 매너를 지켜야 한다'는 가치관을 중요하게 여기는 사람이 있다고 하자. 그 사람은 눈앞에서 공공질서에 어긋나는 행동을 하는 사람을 보면 분노를 느낄 것이다. 그것은 자신이 중요하게 생각하는 가치관이 눈앞에서 부정당하여 의미 없는 것이 될 위험에 노출되었다고 무의식중에 느끼기 때문이다.

코로나 19 바이러스가 확산되고 있는 시기에 지하철 안에서 마스크를 쓰지 않은 사람에게 분노를 표출하며 달려들어 싸움이 일어난 사건이 있었다. 싸움을 건 사람은 '코로나 바이러스가 유행하고 있으니 대중교통에서는 마스크를 써야 한다'는 가치관을 가지고 있을 것이다. 다른 승객이 마스크를 쓰지 않은 채로 지하철을 타자 자신의 가치관이 침해당했다고 여긴 것이다.

이렇듯 분노가 방위 감정이라는 것을 알고 나면 분노하는 사람을 보는 관점이 달라진다.

분노하는 사람은 방어하기 위해 화를 내고 있는 것일 뿐 먼저 공격하고 싶어서 화를 내는 것은 아니다.

그런데 여기서 의문이 생길 수도 있다. 고객지원 서비스 센터처럼 고객을 상대하는 일의 경우 아무 잘못을 하지 않았는데도 일방적으로 화를 내는 것을 들어야 하는 상황이 있다. 상대를 먼저 공격한 것도 아니고 어떤 위험을 느끼게 한 것도 아닌 이런 상황은 대체 어떻게 설명해야 할까?

이런 경우도 상대는 무언가가 침해받았고 위협을 당했다고 느끼는 상태다. 그것이 무엇인지 화난 고객을 상대하는 쪽에서는 알 수 없다. 때로는 화를 내고 있는 본인조차 모르는 경우도 있다. 다만 적어도 화를 내는 사람은 무언가에 위험을 느꼈기 때문에 화를 내고 있는 것이다.

위험을 느끼는 방식은 사람마다 제각각 다르기 때문에 같은 상황을 두고도 어떤 사람은 위협적으로 느끼지만 다른 어떤 사람은 아무렇지 않은 경우도 많다.

약이 되는 분노,
독이 되는 분노

분노의 감정은 과연 독이 될까, 아니면 약이 될까? 이 질문에 많은 사람은 독이 된다고 답할 것이다. 분노를 자신과 주변 사람을 괴롭히는 독으로 생각하는 사고방식은 동서고금을 막론하고 여러 사람들의 명언 속에서도 찾아볼 수 있다.

"화는 무모하게 시작되고 후회로 끝난다." _ 피타고라스

"분노는 타인에게 유해하지만 분노하는 당사자에게는 더욱 유해하다." _ 톨스토이

"적 때문에 불을 붙인 분노도 지나치게 가열하면 자신이 화상을 입는다." _ 셰익스피어

이처럼 명언에서는 분노를 후회하게 되는 것, 유해한 것, 화상을 입히는 것으로 표현하고 있다. 분노는 자신에게 좋지 않은 것, 내려놓는 편이 좋은 것이라는 교훈을 주기 위해 이런 말이 지금까지 전해져왔을 것이다.

이런 인식 때문인지 적극적으로 화를 내는 것은 가정은 물론 학교나 회사 등 어디에서도 권하지 않는다. 이는 책도 마찬가지 인데 서점에 가면 짜증을 내지 않는 방법, 화나는 감정을 가라 앉히는 방법, 화내지 않고 넘어가는 방법 같은 내용을 담은 책이 눈에 많이 띈다.

앵거 매니지먼트 또한 때때로 화내지 않는 방법, 짜증 내지 않는 방법으로 잘못 전달되는 부분이 있다. 하지만 앵거 매니지먼트는 화를 내지 않는 방법이 아니다. 화를 내는 것은 상관없지만 화를 낼 필요가 있는 것과 화를 낼 필요가 없는 것을 적절하게 구분할 수 있도록 하는 프로그램이다.

왜 우리는 분노를 이렇게나 독이 되는 나쁜 감정으로 생각하는 걸까? 우선 분노로 인해 유쾌하지 못한 경험을 하거나 문제가 발생하기 때문이라고 생각할 수 있다.

자연에서 살아가는 동물이라면 위험을 느낄 때마다 분노를 사용하여 자신의 몸을 보호하는 것은 아무런 문제가 없다. 문제가 없을 뿐만 아니라 그렇게 하지 않으면 살아남을 수 없기 때문에 생존 전략으로 분노가 필요하다. 만약 자연 안에서 분노하지 않는 동물이 있다면 그 종은 눈 깜짝할 사이에 도태되어버릴 것이다. 분노가 없으면 위험에 대처할 수 없기 때문이다.

동물에게 분노가 반드시 독이 되는 것은 아니다. 그런데 같은 동물이면서도 인간에게만 분노의 감정이 독이 되는 것은 어떤 의미에서 보면 신기한 일이다. 나는 그 이유가 인간이 동물로 살아온 오랜 역사의 길이와 사회성을 갖춘 인간이 된 후 역사의 길이 차이에 관계가 있을 것으로 보고 있다.

지구는 46억 년 전에 탄생했고, 인류는 400만 년 전에 탄생한 것으로 알려져 있다. 그리고 인류 최초의 문명이라고 불리는 나일 강 유역의 이집트 문명, 티그리스 강과 유프라테스 강 유역의 메소포타미아 문명은 지금으로부터 약 7,000년 전에 발생했다.

문명을 세운 인간의 역사는 동물로 살아온 역사보다 훨씬 짧다. 다시 말해 동물이었던 기간이 압도적으로 길기 때문에 문명이 생기고 사회를 만든 후에도 여전히 동물 시대의 흔적이 인간에게는 강하게 남아 있다고 봐야 할 것이다.

인류가 사회생활을 영위하게 되었을 때부터 분노는 사람들에게 독이 되기 시작했다. 감정에 휘둘려 사람들이 제각각 행동한다면 농업도 건축도 계획적으로 진행하기 어려워진다는 것은 쉽게 상상할 수 있다. 또한 모두가 분노를 느끼는 그대로 행동한다면 언제 누구에게 공격받을지 모르기 때문에 그 사회에서 안심하고 살아갈 수 없다. 서서히 분노의 감정을 느낀 그대로 표현하거나 터뜨리는 것이 사회 전체적으로 적절하지 못한 행동이 되어 자신은 물론이고 사회에도 독이 된다고 생각하게 되었다.

그렇다면 분노는 어떤 때에 약이 될까?

분노는 건설적인 방향으로 향한다면 나와 주변 사람, 그리고 사회에 유익하게 작용하는 약이 되지만 파괴적인 방향으로 향한다면 반대로 독이 된다. 다만 분노는 다루기가 무척 성가신 감정이라 대다수가 약보다는 독으로 사용하는 경우가 많은 것이 현실이다.

분노를 능숙하게 다루기 위해서는 기술이 필요하지만 꾸준히 연습한다면 누구나 잘 다룰 수 있다. 분노는 자연스럽게 생기는 감정이기 때문에 없앨 수 없지만, 어차피 분노를 느낄 수밖에 없다면 약이 되는 횟수를 늘려가는 것이 바람직하다.

분노의
쾌락

흔히 사람은 누구나 화를 내지 않고 가능한 한 평온하게 일상을 보내고 싶어 한다. 그런데 분노의 감정 전문가 입장에서 보면 의외로 많은 사람들이 화를 내고 싶어 한다고 자신 있게 말할 수 있다. 매일 TV, 신문, 잡지, 라디오, 인터넷 미디어 등에서 흘러나오는 뉴스를 보면 대부분 비슷하다.

정치에 대한 불만, 어떤 제도에 대한 불안과 의심이 불러온 상해 사건, 혹은 유명인의 불륜, 연예인의 가십거리 등의 뉴스성이 있는지조차 알 수 없는 일까지 다양한 보도가 눈에 들어온다. 그런 뉴스를 살펴보면 대부분이 마음이 따뜻해지거나 편안해지기보다는 기분을 거슬리게 하거나 감정을 자극하는 기사가 압도적으로 많다는 사실을 발견할 수 있다.

어째서 미디어는 사람의 마음을 어지럽히는 기사를 많이 보도하는 걸까?

사실 답은 아주 간단하다.

사람은 불쾌해지는 것, 화가 날 만한 것을 굳이 보고 싶어 하기 때문이다. 기사를 내보내는 미디어 측도 비즈니스인 이상 관심과 흥미를 얻지 못할 만한 소재를 중심으로 하지 않는다.

사회 정의, 국민의 알 권리를 위한 뉴스를 보도한다는 대의명분을 내세우면서 이런 현실적인 계산이 작용하고 있다. 그렇다면 우리는 왜 굳이 불쾌해지는 뉴스를 보고 싶어 하는 걸까? 그 이유는 분노가 일종의 엔터테인먼트가 되었기 때문이다. 게다가 이것은 언제 어디서나 저렴한 비용으로 가볍게 소비할 수 있다.

세계적으로 보면 1990년대 초반 이후로 일본은 약 30년 동안 발전하지 못하고 정체된 상태로 몰락해가는 나라가 되었다. 실제로 최근 약 30년 동안의 연평균 가구 소득을 살펴보면 증가하기는커녕 오히려 감소했을 정도다. 대학 졸업자의 초봉도 거의 변화가 없다. 대다수의 국민은 자신이 경제적으로 풍요로워졌다고 실감하지 못한다.

어떤 시대라고 하더라도 사람은 여유를 즐기고 싶어 한다. 그런데 돈이 없다는 현실적인 문제가 있다. 돈이 없으면 값싸고 가볍게 즐길 수 있는 거리를 찾는다. 그것이 인터넷이다. 우연인지는 모르겠지만 인터넷이 보급되고 급격히 성장하는 가운데 일본 경제는 반비례하듯 정체, 쇠퇴해왔다.

인터넷 세계에는 대부분 돈이 들지 않으면서도 장소에 구애받지 않고 즐길 수 있는 콘텐츠가 흘러넘친다. 인터넷상의 모든 콘텐츠는 소비의 대상이 된다. 사람들은 인터넷 콘텐츠를 보고 무언가를 만들어내거나 건설적으로 생각하기보다 일시적으로 시간을 때우는 엔터테인먼트로 소비한다.

지금은 모든 세계가 그렇게 되었지만, 인터넷의 세계에는 방대한 정보가 있고, 현대인이 하루에 접하는 정보량은 200여 년 전과 비교하면 1년분에 달한다고 알려져 있을 정도다. 그러다 보니 접하는 모든 정보 하나하나에 대해 음미할 여유는커녕 애초에 모든 것에 대해 깊이 이해할 마음도 생기지 않으며 그저 끊임없이 정보의 샤워를 하고 있을 뿐이다.

그 결과 뇌가 피로해져 주말에 다른 활동을 즐기러 갈 기분이 들지 않고 다시 가까이 있는 인터넷이라는 엔터테인먼트를 즐기고 정보를 소비하면서 피폐해지는 악순환을 반복한다. 앞에서 분노는 방어 감정이고 분노는 자신의 무언가가 침해받을 때, 어떤 위협에 노출되었을 때 느낀다고 설명했다.

우리가 분노를 느낄 때는 좋은 의미에서도 나쁜 의미에서도 강한 자극을 받는 상태다. 이렇게 많은 정보에 노출되어 있다 보면 정보의 자극에 익숙해져 사람은 더욱 강한 자극을 추구하게 된다.

인터넷 인기 콘텐츠에는 웃음이 나오는 동영상이나 감동스러운 이야기도 있는데 어째서 사람은 그런 것보다도 '분노'에 매혹될까? 그것은 동물적인 성질과 관계가 있다.

쾌락을 추구하는 것과 고통에서 도망치는 것을 비교해보면 사람은 고통에서 도망치고자 할 때 더 강한 동기를 느낀다.

쾌락을 추구하는 예를 들어보자면 눈앞에 있는 사과를 어떻게 더 맛있게 먹을까 하는 문제다. 반면 고통에서 도망치는 것은 눈앞에 있는 뱀을 피해 도망쳐서 목숨을 구해야 하는 문제다. 두 상황을 비교해보면 당연히 후자가 더 긴박한 상황이다. 사과는 지금 먹지 않아도 생명에는 지장이 없지만, 뱀을 피해 도망치지 않으면 그 순간에 생이 끝날지도 모른다. 그렇기 때문에 고통에서 도피하려는 경우에 더 강한 자극을 느끼고, 자극이 강하기 때문에 학습이 이뤄지고 생명을 지킬 수 있게 된다.

결과적으로, 무언가를 봤을 때 기분이 편안해지는 것보다도 분노가 느껴지는 강한 자극을 추구하는 것이 현대인의 모습이 아닐까.

인터넷, 특히 SNS상에서는 감정 중에서도 분노를 환기시키는 내용이 쉽게 확산된다고 알려져 있다. 실제로 트위터 본사는 페이크 뉴스나 분노의 감정이 인터넷 세계에서 쉽게 확산되는 이유를 조사하기 위한 전문 팀을 구성하고 있을 정도다.

분노는
사람을 매료시킨다

사람은 분노를 느끼면서 기분이 좋아지기도 한다. 일반적으로 생각해보면 분노에 휩싸일 때는 기분이 나쁠 것 같지만 실제로는 그렇지 않다. 예를 들어 정치인의 실언이나 정책 방향에 문제 제기를 하며 화를 낼 때, 화를 내는 사람은 정의나 대의명분을 내세우기 때문이다.

자신의 화에 대해 직접적으로 반론을 받지 않는 상황에 있을 때는 일방적인 입장에서 분노를 표출할 수 있다. 인터넷 세계는 기본적으로 익명이기 때문에 자신은 공격받지 않는 안전지대에 있다고 생각하기 쉽다. 그래서 자신의 감정이 더욱 거칠게 드러나는 경우가 많다.

때로는 그 분노가 아무 상관 없는 사람들을 향하기도 한다. SNS에서 집요한 비방과 괴롭힘을 당하다 스스로 목숨을 끊었다는 연예인들에 대한 보도가 지금도 연일 나오고 있다. 이에 대한 반작용으로 인터넷에서의 도를 넘는 악플과 비방에 대한 법 규제를 고쳐야 한다는 움직임도 일어나고 있다. 앞으로 법 개정이 이루어지면 인터넷 세계도 익명의 안전지대가 사라지고 현실 세계와 아무런 차이가 없는 장소가 될지도 모른다.

분노는 강한 자극으로 사람을 매료시킨다. 그 매력에 홀려 분노를 소비하기만 하는 인생을 보내다가는 새로운 것을 아무것도 만들어내지 못한다. 새로운 것을 만들어내기는커녕 분노로 몸과 마음을 태워 없애게 된다. 그러니 분노에 휘둘리는 인생이 얼마나 무모한지는 설명할 것까지도 없을 것이다.

상당히 골치 아픈 문제는 요즘 시대에 분노와 관련된 뉴스를 보기 시작하면 눈에 들어오는 뉴스가 분노에 물든 것만 보이게 된다는 점이다.

이것이 바로 인터넷 시대의 특징이다. 흔히 TV, 라디오, 신문, 잡지 등과 인터넷의 차이는 쌍방향성이라고 말한다.

TV, 라디오, 신문, 잡지 등은 정보를 일방적으로 발신할 뿐이고, 시청자와 독자는 실시간으로는 반응을 보여주지 못한다. 그런데 인터넷의 경우 발신된 정보에 대해 실시간으로 반응을 할 수 있다. 또 보는 사람에 따라 발신되는 정보가 달라지기도 한다.

요즘은 인터넷 검색 엔진에서 무언가를 검색했을 때 나타나는 결과가 사람마다 조금씩 다르다.

검색 엔진 측은 이용자가 더 흥미 있고 유익하다고 판단하는 정보를 상위에 노출한다. 예를 들어 '분노'를 검색했을 때 사람에 따라서 표시되는 결과가 달라진다.

뉴스 사이트도 마찬가지의 알고리즘이 적용된다. 특정 뉴스 사이트를 봤을 때 노출되는 뉴스는 모두가 똑같지 않고 각각의 이용자에게 자동적으로 맞춘 기사가 배열된다.

뉴스 사이트 측도 보는 사람의 접속 이력을 바탕으로 흥미가 있을 것 같은 뉴스를 굳이 신경 써서 골라준다.

언제부턴가 자신이 보는 뉴스란에 특정 화제와 관련된 기사만 노출된다고 느낀 적이 있을 것이다. 실제로 지금 뉴스 사이트는 대부분의 경우 같은 알고리즘으로 기사를 노출하는 방식으로 바뀌었다. 예를 들어 연예인의 불륜에 대해 분노하는 사람이 있다고 하자. 그 사람은 연예인의 불륜 기사가 있으면 자신도 모르는 사이에 클릭한다. 그러면 뉴스 사이트는 이 사람은 불륜 뉴스에 관심이 있다고 판단하여 불륜에 관련된 기사를 우선적으로 표시해준다.

다시 말해 자신이 분노를 느끼는 뉴스를 보기 시작하면 점차 분노를 느끼기 쉬운 기사가 더 많이 노출된다는 것이다. 본인은 자각하지 못하기 때문에 최근 불륜 뉴스가 무척 많아졌다고 느끼고, '대체 세상이 어떻게 돌아가고 있는 거야?'라며 화를 내게 된다.

이것을 분노의 악순환이 아니면 무엇이라고 설명할 수 있을까?

인간의 뇌에는 신경 가소성이라는 성질이 있다. 가소성이란 형태가 변하는 것을 말한다.

인간의 뇌는 의식 여부를 불문하고 형태가 변해간다. 화를 잘 내는 사람의 뇌는 더욱 화를 잘 내는 형태로 변한다. 낙천적인 사람은 더욱 낙천적으로, 비관적인 사람은 더욱 비관적으로 변해간다.

분노를 느끼기 쉬운 기사를 계속해서 보는 사람은 뇌가 더욱 분노를 느끼기 쉬운 형태로 변한다. 분노를 건설적인 방향으로 살린다면 좋겠지만 소비재로만 본다면 쓸데없이 화를 잘 내는 방향으로만 바뀐다.

그렇다면 자신이 화를 잘 내는 성향으로 바뀌지 않기 위해서는 어떻게 하면 좋을까? 그것은 굳이 일부러 분노를 느끼는 기사를 찾아보지 않는 것이다. 보지 않으면 정보를 제공하는 매체에서도 흥미가 없는 것으로 판단하여 노출 알고리즘에서 제외하게 된다.

지금은 정보를 자신이 선택할 수 있는 시대이다.

만약 분노를 느낄 만한 기분 나쁜 기사를 클릭할 것 같다면 자신의 감정에 대해 상상력을 발휘해보자. 자신이 그 기사를 본다면, 듣는다면, 어떤 기분이 들까? 자신의 감정에 대해 상상력을 풍부하게 발휘하면 불필요한 기사를 보지 않게 된다.

같은 사회에서 살아가면서도 선택하는 정보에 따라 평화로운 사회가 될 수도 있고 어지러운 사회가 될 수도 있다. 다만 자신이 아무리 평화로운 사회에 살고 있다고 해도 옆에 앉아 있는 사람은 분노에 휩싸인 사회에 살고 있는 경우도 있다. 그 분노가 언제 자신을 향해 날아올지 모르는 것이 현대 사회의 모습이다. 이런 면 때문에 분노가 무서운 것이라 생각할 수 있지만 분명 긍정적인 면이 있음을 잊지 말자.

분노는 건설적인 방향으로 향
하면 약이 되지만 파괴적인 방
향으로 향하면 독이 된다.

2장

분노는
개인과 사회를
변화시킨다

ANGRY

분노는
동기가 된다

이번에는 실제로 분노를 동기로 삼고 있는 사람과 분노에 의해 사회가 변화한 사례를 살펴보려고 한다.

성공했다고 알려진 유명인 중에서도 분노가 활동의 원동력이 된다고 이야기한 사람은 적지 않다. 그들은 어떤 계기로 분노를 동기로 삼아 성공할 수 있게 되었을까?

내가 강의를 마친 후 사람들에게 분노의 단점에 대해 질문을 던지면 대부분 '피곤해진다'고 대답한다. 실제로 분노를 계속해서 느끼면 사람은 지친다. 왜냐하면 분노를 느끼면 다가오는 위협에 대해 몸이 임전 태세를 취하기 때문이다. 다시 말해 전투 상태가 된다. 긴장을 풀고 있는 상태와는 정반대라고도 말할 수 있다. 그런 상태가 지속되면 당연히 지치게 마련이다.

분노를 동기로 바꿀 수 있는 사람은 분노를 계속 유지해도 지치지 않을까? 하지만 아무리 유명인이라고 해도 똑같은 인간이다. 신체 구조는 완전히 똑같기 때문에 그들도 분노를 계속해서 느낀다면 지칠 것이다. 그렇더라도 그 자리에 오르기까지 활동할 수 있었던 것은 분노를 원동력으로 잘 활용했기 때문이다. 그 비밀을 안다면 우리 같은 일반인도 분노를 동기로 바꿔 강력한 무기로 삼아 목표로 하는 지점을 향해 나아갈 수 있을 것이다.

그렇다면 실제로 분노를 동기로 삼고 있다고 말한 유명인의 사례를 살펴보자.

억울한 감정을
디딤돌로

스즈키 이치로 선수는 일본의 대표적인 야구 선수다. 그는 화를 내기보다는 초연한 이미지에 가까운데, 그런 그가 인터뷰 중에 이런 이야기를 했다.

"저는 어렸을 때부터 사람들이 제가 해내지 못할 거라 생각했던 걸 항상 달성해왔다는 데 자부심이 있습니다……. 초등학교 시절 매일 야구 연습을 하고 있으면 동네 사람들이 '쟤는 프로 야구 선수라도 될 생각이야?'라며 늘 비웃었습니다."[1]

어렸을 때부터 분노와 억울한 감정을 디딤돌 삼아 노력했다는 사실을 알 수 있다. 또 이미 일본 야구계에서 아무도 뭐라 할 수 없을 정도의 성적을 올려 이제 메이저리그로 갈 시기라고 생각할 때에도 주위의 비웃음 때문에 굴욕을 느꼈다고 고백했다. 그

---

1 _____ 《일본경제신문》, 2019년 4월 15일자 인터넷판 기사 중에서

리고 메이저리그에 간 후에도 중요한 시기마다 할 수 없을 거라는 굴욕적인 말을 들으며 무시받았다고 한다. 그 상황을 극명하게 기억하고 인터뷰에서 말했다는 것은 그만큼 분노를 자신 안에 숨기고 연료로 삼아 목표를 하나씩 이뤄갔기 때문일 것이다.

분하기 때문에 열심히 해야겠다는 생각이 든다는 사람이 있는 반면 분하기 때문에 그만둔다, 보고 싶지도 않다며 그 세계에서 빠져나가는 사람도 많다.

나도 고르자면 후자의 유형이었다. 어린 시절 무언가에 푹 빠졌을 때 부모님으로부터 그런 것을 해서 뭐하나, 그런 일로는 먹고 살아갈 수 없으니 그만두라는 말을 자주 들었다.

내가 어렸을 때 푹 빠져 있던 일들은 스키, 프라모델, 게임, 만화 같은 것이었다. 이치로 선수와 비교한다는 것 자체가 어불성설이지만, 그래도 내가 좋아하는 것들을 계속한다면 무언가 할 수 있을지도 모른다고 생각하는 한편으로 그런 일이 가능할 리 없다고도 생각했다.

거기에 부모님에게서 현실적인 말 한마디를 듣고 아픈 곳을 찔린 나는 "그럴 생각 아니야!"라는 말과 함께 그것들을 그만둬버리고 말았다.

자신이 푹 빠져 있는 무언가를 계속한다고 해서 반드시 그 분야의 최고가 될 수 있는 것은 아니다. 하지만 중간에 포기해버리면 처음부터 가능성은 열리지 않을뿐더러, 가능성이 있는지 없는지조차 알 수 없다.

분노 때문에 가능성을 닫아버리는 사람은 나처럼 누군가가 아니라고 부정한 것을 디딤돌로 삼지 못하고, 아픈 곳을 찔렸다며 상처받는다. 그리고 만만하게 생각한 자신의 잘못이라고 느끼며 스스로를 망쳐버린다.

차별에 대한
분노

세계적으로 활약하고 있는 일본 패션모델 도미나가 아이는 한 잡지 인터뷰에서 분노를 원동력으로 삼고 있다고 고백했다.

"아시아인에게 어울리는 색은 검은색뿐이라거나 드레스가 어울리지 않는다는 말을 들었을 때 절대로 지지 않고 꼭 정상에 서겠다고 생각했어요. 그래서 매번 '아직 더 가야 할 길이 남았다'며 마음을 다잡았지요."[2]

무척 유감스럽지만 유럽과 미국에는 여전히 동양인에 대한 뿌리 깊은 차별이 있다. 나도 뉴욕에서 살았던 적이 있는데, 일본에 살던 때는 느끼지 못했던 차별을 태어나서 처음으로 경험했다. 예약한 레스토랑에서 나중에 온 손님이 먼저 자리로 안내받

---

2 _____ 2019년 《엔터메·아이돌》잡지 인터뷰 기사 중에서, https://smart-flash.jp/entame/89910

거나 골프장에서도 마찬가지로 예약 순서가 뒤로 밀리는 일을 경험했고, 고객 서비스 센터에 가면 노골적으로 불친절한 응대를 받았다. 그 외에도 여러 가지 일이 있었다.

처음으로 차별을 경험했을 때는 충격이었지만 이것이 일상적으로 일어난다는 사실을 깨닫고 차별을 받으면 철저하게 대응해야겠다고 결심했다.

미국에 살던 당시 이런 차별을 허용하는 사회에서 절대로 지고 싶지 않다, 동양인이니까 어쩔 수 없다는 말을 듣지 않겠다고 굳게 다짐했다. 물론 그 사회의 모든 것이 나쁘다고 할 수는 없지만 동양인에 대한 차별이 은연중에 녹아 있는 사회에 분노를 느낀 때가 많았다.

차별은 세계 어디에나 있고 굉장히 뿌리 깊은 문제다. 2020년 5월 미국 미니애폴리스에서 백인 경찰이 조지 플로이드라는 흑인 남성을 폭행하여 사망에 이르게 한 사건이 일어났다.

이 사건을 계기로 미국 내에 차별에 대한 분노가 폭발하여 차별 금지를 요구하며 상당히 많은 사람들이 데모 등을 통해 목소리를 높였다.

차별은 옛날부터 세계 어디에나 있었고, 그 차별에 대해 어떤 시대에서나 상당히 강한 분노를 가지고 대응하는 운동이 일어났다. 이렇듯 특정 집단에서 배제된 것에 대한 저항과 분노는 엄청

나게 큰 힘이 된다.

도미나가 아이의 경우 모델 업계를 떠날 수도 있었지만 자신은 배제되지 않을 거라는 강한 분노와 맞서 싸우는 용기가 있었던 것이 성공할 수 있었던 큰 요인이라 할 수 있겠다.

분노가
만들어낸 노벨상

카일라시 사티아르티는 인도의 시민운동가로 2014년에 파키스탄의 말랄라 유사프자이와 함께 노벨평화상을 수상했다. 말랄라 유사프자이는 역대 최연소 수상자였다.

카일라시 사티아르티는 노벨평화상 수상 연설 중에 자신을 움직이는 힘은 분노에서 온다고 말했다.

"50여 년 전 제가 처음 초등학교에 간 날, 학교 문 앞에서 구두닦이를 하고 있는 제 또래의 소년을 만났습니다. 저는 선생님들께 질문했습니다.

'왜 저 아이는 밖에서 일을 하고 있죠? 왜 저와 함께 학교에서 공부하지 않나요?'

선생님들은 대답해주시지 않았습니다. 하루는 용기를 내서 그 소년의 아버지에게 물었습니다. 아버지는 '그런 건 생각해본 적도 없었어, 우리는 그저 일하기 위해 태어났으니까'라고 대답했습니다. 그때 느낀 분노는 지금도 강하게 저를 움직이게 합니다. 그날 이후로 저는 계속해서 투쟁하고 있습니다."[3]

노벨물리학상을 수상한 나카무라 슈지도 수상 후 기자 회견에서 마찬가지로 분노가 원동력이 되었다고 말했다.

"분노가 모든 것의 동기였습니다. 만약 분노가 없었다면 아무것도 이룰 수 없었을 것입니다."[4]

분야는 다르지만 노벨상이라는 세계 최고 권위의 상을 수상한 두 사람이 똑같이 분노를 원동력으로 삼았다는 사실은 무척흥미롭다.

사실 두 사람이 느낀 분노의 근원은 각각 다른 것이었다.

카일라시 사티아르티의 분노는 사회 구조에 대한 더할 수 없는 안타까움이 출발점이었다. 반면 나카무라 슈지의 분노는 자신이 회사에서 받은 부당한 대우가 출발점이었다. 양쪽의 분노는 모두 결과적으로 노벨상을 수상했고 사회에 도움이 되었다는 점에서 공통된다.

3 ___ 노벨평화상 수상 연설 중에서, http://acejapan.org/info/2015/01/13465
4 ___ 2014년 10월 7일 노벨물리학상 수상 후 기자 회견 중에서

출발점은 전혀 달랐지만 분노는 그들 자신을 움직이는 원동력이 되었고, 그것이 사회를 위하는 결과를 만들었다.

여기에서 개인이 분노를 품는 계기는 극히 개인적인 것이라도 좋고, 출발점이 반드시 숭고할 필요는 없다는 걸 알 수 있다.

사람은 누구나 분노를 느끼지만 그 분노를 노벨상을 탈 수 있을 정도의 업적으로까지 이용하는 사람은 드물다. 다만 분노를 느꼈을 때 그 분노를 건설적인 방향으로 향하게 할 것인가, 파괴적인 방향으로 향하게 할 것인가의 분기점은 누구나 직면한다.

노벨상 수상자가 분노를 원동력으로 삼았다는 것은 분노를 건설적인 방향으로 살린다면 상상을 뛰어넘는 커다란 위업까지도 달성할 수 있다는 방증이 아닐까.

분노를
행동으로

세계적인 밴드 U2의 리드보컬 보노는 자선 활동을 열심히 하는 사회운동가로도 알려져 있다. 그가 디렉팅을 맡고 있는 자선단체 '원(ONE)'에서는 빈곤 문제, 후천성 면역 결핍 증후군인 에이즈 문제에 대한 활동을 펼치고 있다.

보노는 한 인터뷰에서 다음과 같이 이야기했다.

"제가 세상에서 무엇보다도 애가 타고 화가 나는 일은 나를 포함한 인간의 장래성을 낭비하는 것입니다. 사랑을 정의할 필요가 있다면 저는 자신과 타인의 장래성을 깨닫는 것이라고 말하고 싶습니다."[5]

회원 수 1,000만 명이 넘는 조직을 운영하는 것은 이만저만 힘

5 _____ 2018년 《롤링 스톤(Rolling Stone)》 기사 중에서, https://rollingstonejapan.com/articles/detail/29591/2/1/1

든 일이 아닐 것이다. 그 정도로 거대한 프로젝트의 출발점에 분노가 있다는 것은 분노를 무기로 삼고 싶다고 생각하는 우리에게 커다란 용기를 불어넣어준다.

마이크로소프트의 공동 창업자인 빌 게이츠와 멜린다 게이츠 부부는 그들이 설립한 게이츠 재단을 통해 열심히 자선 활동을 하고 있다고 널리 알려져 있다.

멜린다 게이츠는 세계에서 가장 영향력이 있는 여성으로 선정되기도 했는데, 2018년 《포브스》와의 인터뷰에서 다음과 같이 이야기했다.

> "전 세계의 성범죄 피해 여성을 생각하면 분노를 느낍니다. 저는 이런 분노를 발판 삼아 활동하고 있습니다. 분노를 피하는 것이 아니라 분노에 몸을 맡기고 '시스템을 변화시키겠다'고 거듭 다짐합니다."[6]

어떤 문제에 분노를 느꼈다고 해도 그것을 외면하는 선택지도 있다. 물론 문제를 보고도 보지 않은 척한다고 실제로 고통받는 사람들이 사라지는 것은 아니다.

---

6 ___ https://forbesjapan.com/articles/detail/19906

보노와 멜린다 게이츠는 상당한 부자이다. 자신들이 살아가는 데 있어 세상의 문제는 아무런 상관없는 일이다. 그런데도 무슨 이유로 더 좋은 세계를 만들고 싶다고 생각하며 활동을 하고 있는 걸까?

그것은 사회에 있는 문제에 대해 계속해서 분노를 느끼기 때문이다. 불합리하고 불평등한 사회에서 고통받는 사람들의 마음에 공감하며 자신의 일처럼 분노를 느꼈기 때문에 엄청난 자금과 노력을 들여 문제를 해결하기 위해 움직이는 것이다.

분노를 느끼고 자선 활동을 시작한다, 이것은 분노의 효용이라고도 말할 수 있다.

누구나 사회 문제에 대해 이상하다고 느낀 경험이 있을 것이다. 그 문제에 대해서 그저 불평과 불만을 늘어놓기만 하는 것이 아니라 무언가 할 수 있는 일이 없을까 생각하여 행동으로 옮기는 일도 가능하다. 물론 그 행동의 크기에는 차이가 있을지도 모르지만 행동의 규모에 가치가 있는 것이 아니라 아무리 작은 행동이라도 직접 움직이는 것에 의의가 있다.

여기에서 소개한 두 사람은 유명인이고 사회적으로 영향력이 큰 사람들이다. 우리는 이들처럼 대단한 일은 할 수 없다고 생각할지도 모르겠다.

하지만 우리 같은 일반인이라고 하더라도 사회를 변화시키겠다는 생각을 갖고 주변 사람들의 삶이 풍요로워질 수 있도록 다양한 활동을 하는 사람은 쉽게 찾아볼 수 있다.

그 규모의 크기는 중요한 것이 아니다. 자신이 느끼는 분노를 솔직하게 마주하고 있는가, 그렇지 않은가, 실제로 행동하는가, 행동하지 않는가에 따라 결과는 달라지기 때문이다.

법 제도를
움직인 분노

2018년 6월에는 일본의 '전국 범죄 피해자 모임'이라는 단체가 해산했는데 이 모임의 활동도 분노를 이성적으로 살린 의미 있는 활동으로 소개하고 싶다.

이 활동은 범죄 피해자 유족 다섯 명이 모여 '범죄 피해자 모임'을 만든 것에서부터 시작되었다. 범죄 피해자들이 직접 나서서 권리와 피해회복제도의 확립을 요청한 것이다.

가해자의 권리를 지키기 위한 법은 정비되어 있으면서 피해자의 권리를 지키는 법률이 없는 것은 말이 안 된다는 것이 출발점이었다.

이 활동으로 인해 2004년에 범죄 피해자와 그 가족이나 유족을 위한 범죄 피해자 등 기본법이 성립되었다. 그 후에는 범죄 피해자에 대한 인식을 국민들에게 알리기 위해 범죄 피해자 주간을 시작했다. 그리고 형사 소송법 등도 피해자의 권리 확충 관점에서 대폭 개정되었다.

자신의 소중한 가족을 빼앗아간 가해자에 대한 강력한 분노와 보복하고 싶다는 복수심에 지배되면서도 막상 할 수 있는 것이 아무것도 없다는 좌절감에 포기할 수도 있었다. 하지만 끈기 있게 활동을 계속하고 성과를 올린 그들에게 나는 존경하는 마음뿐이다.

자신을 잃어버릴 만큼 강력한 분노를 느꼈다고 하더라도 문제 행동을 자제하고 독선적이지 않은 성과를 만들어낸 것에 우리는 정말로 큰 용기를 얻는다.

사회를
바꾼 분노

지금까지 개인들이 분노를 동기로 바꿔 긍정적인 효과를 거둔 사례를 살펴보았다. 그 분노는 개인적인 것이지만 다른 사람들이 공감하고 같은 분노를 느꼈기 때문에 사회적 변화를 이루어 내는 원동력이 되었다.

인류 역사는 혁명의 역사라고도 말할 수 있다. 혁명이라고 불리는 사건들은 거의 대부분 민중이 분노를 느껴 일어났다. 어떤 권리를 갖기 위해, 혹은 당연히 누려야 할 일상을 되찾기 위해서였다.

혁명이라고 불리는 사건 중에서는 폭력적이고 파괴적인 것도 많이 있기 때문에 그런 것까지 전부 긍정할 수는 없다. 다만 우리가 지금 누리고 있는 당연한 권리는 지난 시대를 살아온 사람들의 분노, 행동, 노고 위에 세워진 것이라는 점은 의심할 여지가 없는 사실이다.

분노로 얻어낸 권리,
선거권

그렇다면 실제로 있었던 역사적인 사건을 통해 분노가 어떻게 사회를 변혁시켰는지, 또 분노가 어떻게 무기로 사용되었는지 알아보려고 한다.

다른 나라도 그렇겠지만 일본 또한 낮은 투표율이 선거 때마다 문제가 되고 있다. 사실 우리가 당연한 것처럼 갖고 있는 선거권은 투표를 할 수 없었던 선인들의 분노에서 시작되어 얻은 귀중한 권리이다.

일반 시민 모두가 선거에 참여할 수 있게 된 것은 일본의 경우 1945년 중의원 의원 선거법 개정부터다. 그때 처음으로 20세 이상의 모든 남녀가 투표할 수 있게 되었다. 그리고 공직 선거법이 개정된 2016년 6월 22일 이후에 공시된 선거부터는 18세 이상의 선거권이 인정되었다. 참고로 대한민국의 최초 선거는 1948년 5월 10일에 치러진 대한민국 제헌국회의원 선거로, 21세 이상 국민 모두에게 선거권이 부여되었다. 2020년부터는 공직선거법 개정으로 18세 이상의 선거권이 인정된다.

지금은 믿을 수 없겠지만 그 이전까지 일본에서는 선거권이 일부 사람들만의 권리였다.

일본에서 처음으로 실시된 선거는 1890년 중의원 의원 선거였는데, 그때는 직접 국세 15엔 이상을 납부하는 25세 이상의 남자에게만 선거권이 주어졌다.

200여 년 전에는 서민에게 선거권이 없었고, 서민들의 목소리를 상부에 올리기 위해서는 직소(直訴)라는 절차를 무시한 형태, 혹은 농민 폭동이라는 실력 행사의 형태로 고충이나 분노와 불만을 표명하는 방법밖에 없었다.

농민 폭동은 오늘날에 비유하면 일종의 테러 행위라고 불릴 만한 일로 사회에서는 받아들일 수 없는 일이었지만 정치적 해결 방법을 갖지 못한 신분으로서는 그 외에는 자신의 목소리를 전할 다른 수단이 없었다.

나는 해외에서 살았던 때에 그 나라에 소득세, 법인세, 소비세 같은 세금을 납부했지만, 세금 납부의 의무를 다하면서도 선거권은 가질 수 없었다. 아무리 다양한 형태의 많은 사안들이 문제라고 느껴도 그 문제를 정치적으로 해결할 수단을 갖지 못하는 것은 나에게 큰 스트레스였다. 그곳에 살고는 있지만 정식 시민으로 대우받지 못한다는 느낌이 들어서였다.

나에게는
꿈이 있습니다

가장 유명한 민권 운동은 아프리카계 미국인의 시민권 운동일 것이다.

미국에서는 미국에서 태어나거나 귀화한 사람에게 시민권이 주어지는데, 1964년 시민권법 제정 전까지는 실질적으로 아프리카계 미국인에게는 이 권리가 적용되지 않았다.

흑인들의 시민권 운동은 몽고메리 버스 보이콧으로 알려진 사건이 계기가 되었다. 1955년 당시 버스는 백인 전용석, 흑인 전용석으로 나뉘어 있었다. 흑인 전용석에 앉아 있던 흑인 여성이 백인에게 자리를 양보하라는 한 버스 운전사의 말에 응하지 않았다는 이유로 인종 분리법 위반으로 체포되었다.

이 사건에 대해 마틴 루터 킹 목사가 항의를 시작하며 버스 승차 보이콧을 전개해나갔다. 이 운동은 전국으로 퍼져나가 인종 차별 금지를 요구하기 시작했고, 모든 사람이 법률상 평등한 지위를 누려야 한다는 시민권 운동으로 전개되었다.

1963년 워싱턴 D.C.에는 마틴 루터 킹의 주도 아래 SNS도 없던 시대였는데 20만 명이 넘는 사람들이 모여 인종 차별, 인종 분리 정책을 폐지하라고 요구했다. 그 유명한 킹 목사의 "나에게는 꿈이 있습니다(I have a dream)"라는 말은 그 연설에서 나온 것이다.

이 시민권 운동은 당시 식민지였던 아시아, 아프리카 각국에도 영향을 미쳐 각 나라의 독립 운동으로 이어졌다.

세계적인 시민권 운동의 계기가 되었던 것은 한 여성의 분노였다. 단 한 사람의 개인적인 분노가 많은 사람들의 공감을 일으키고, 나아가 시대를 선도하는 리더를 탄생시켰다. 그리고 모두의 분노로 가속화되어 미국의 한 도시에 불과한 몽고메리에서만 끝나지 않고 어마어마한 규모의 변화를 전 세계에 일으킨 것이다.

세계의
흐름을 바꾸다

불과 얼마 전까지만 해도 우리는 세계 각국의 거리가 가까워지면서 세계는 곧 하나가 될 것이라는 생각에 사로잡혀 있었다. 그런데 글로벌리즘에 대한 큰 불만과 분노를 가진 사람들도 동시에 생겨났다.

2017년 1월에 제45대 미국 대통령으로 도널드 트럼프가 취임했다. 트럼프 대통령의 탄생은 글로벌리즘에 대한 미국인의 분노를 상징하는 것으로 해석된다. 글로벌리즘이 진행되면서 값싼 노동력을 찾아 많은 공장이 아시아로 이전했고 미국 내, 특히 바이블 벨트_{미국 중남부와 동남부의 여러 주를 가리키는 말로 주로 기독교적이고 보수적인 성향이 강한 사람이 많은 지역}라고 불리는 지역의 많은 노동자들이 일자리를 빼앗겼다.

트럼프 대통령은 '미국 우선주의(America First)'라는 말을 취임 연설에서 언급한 후에도 틈만 나면 반복해서 사용했다.

글로벌리즘의 선두였던 미국이 자세를 완전히 바꿔 자국 우선주의를 내세운 것은 미국 내에 그만큼 반글로벌리즘을 원하는 사람이 있고 그들이 트럼프를 지지했기 때문이었다. 글로벌리즘에 대한 사람들의 분노가 예상과는 다른 대통령을 탄생시킨 것이다.

2016년에 큰 화제가 되었던 영국의 유럽연합(EU) 탈퇴, 이른바 브렉시트도 글로벌리즘에 대한 대중의 분노가 컸던 것을 원인의 하나로 봐도 틀리지 않을 것이다.

일단 국민 투표로 탈퇴가 결정되었지만 그 후 실제로는 일정을 세 번 연기하여 최종적으로는 2020년에 정식 탈퇴했다.

글로벌리즘 아래에서는 국경을 뛰어넘어 사람의 이동도 상당히 활발해진다. 영국을 비롯한 유럽연합 각 국가는 이민을 받아들이는 데 따른 사회보장 준비 불충분, 치안 악화, 실업률 악화 등 커다란 문제를 안고 있었다. 원래 그 나라에서 살고 있던 사람들 입장에서 본다면 자국민이 오히려 제대로 된 대접을 받지 못한다는 분노를 불러오는 결과로 이해할 수는 있다.

다양한 요인이 있다고는 하지만 여기에서도 사람들의 분노가 세계 질서를 크게 흔드는 결과를 만들었던 것이다.

자유에 대한
투쟁

　홍콩은 1997년에 영국에서 중국으로 반환되었고 일국양제 결정하에 그 후 50년 동안은 현행의 사회, 경제 제도 등을 유지하기로 했다. 그런데 그런 결정과는 다르게 실제로는 홍콩의 중국화가 속도를 높이고 있다고 홍콩 시민은 느끼고 있다.

　개인적으로 나도 홍콩에 인연이 있어 한때 홍콩으로 이주할 생각으로 2012년 무렵부터 몇 년 동안 여러 번 방문했었다. 홍콩에서 알게 된 사람들에게 이야기를 들어보면 영어 광고 수가 줄어들었다거나 학교에서는 중국어 수업이 늘었다는 등 중국화의 움직임이 여기저기에서 보였다.

　시민들이 그런 변화를 느끼던 차에 결정적인 사건이 일어났다. 2019년 2월 범죄인 인도법 개정을 홍콩 정부가 발표한 것이다. 이 개정안이 통과되면 홍콩에서 중국 본토로 범죄인 인도가 가능해지기 때문에 홍콩 시민이 중국 당국의 단속 대상이 될 가능성이 생긴다. 그렇게 되면 홍콩의 자치를 보장하는 제도가 흔들릴 우려가 있기 때문에 이를 반대하는 운동으로 시위가 일어난 것이다.

2019년 3월부터 시작된 시위는 시간이 경과하면서 점점 규모가 커졌고, 6월에는 주최 측 추정 약 200만 명이 시위에 참가했다고 한다. 그 후 홍콩 공항이 시위대에 의해 점거되어 거의 모든 항공편이 결항되었다. 나아가 폭동이 일어나고 사상자가 발생하는 등 시위는 점점 과격화되었다.

하지만 홍콩 시민의 바람에도 결국 홍콩 국가보안법은 2020년 7월 1일 시행되었다. 홍콩 시민의 자유에 대한 투쟁이 어둠의 길로 접어들었다는 말도 있지만 앞으로도 힘든 싸움이 이어질 거라는 점은 분명하다.

우리는 자유를 제한받는 것에 상당한 분노를 느낀다. 자유란 원래 누구나 태어나면서 당연하게 가질 권리다. 그렇게 당연한 권리를 제한받을 수 있는 상황에 직면해 있다면 분노를 느끼고 그 가능성에 저항하는 것은 자연스러운 흐름이다. 홍콩 시민은 바로 그런 분노를 표현하고 있다.

국가에 대항해 자유를 지키려는 시민, 그 자유를 관리하려는 국가, 어느 쪽이 이길 것인가. 많은 사람들이 주목해야 할 상황은 여전히 이어지고 있다.

#MeToo
운동

#MeToo는 '나도'를 의미하는 'Me Too'에 '#'을 붙여 사용한 SNS 용어이다. '#'을 단어나 문구 앞에 붙여 '해시태그'로 사용하면 그 단어나 문구를 SNS에서 공유하기 쉬워지는 기능이 있다.

'Me Too'는 원래 2007년 무렵부터 성폭력 피해자 지원 슬로건으로 제창되어 사용하기 시작했는데, 2017년에《뉴욕 타임스》가 미국 할리우드 유명 영화 제작자 하비 와인스타인의 성범죄를 고발하면서 세계적으로 알려졌다.

와인스타인은 여성에 대한 성폭행 등으로 기소되어 금고 23년의 실형 판결을 받았다. 그 후에도 유명인이 자신의 성희롱 피해를 줄줄이 밝히면서 #MeToo 운동은 전 세계에 숨겨졌던 문제나 사건이 차례차례 표면화하는 계기가 되었다. 이 운동은 여성이 부당하게 학대받은 것에 대한 당연한 권리를 지키기 위한 분노의 목소리이고 투쟁이라고 말할 수 있다.

여성은 오랜 세월에 걸쳐 권리와 지위의 평등을 위해 싸우고 있다. 이런 것들은 페미니즘으로도 알려져 있다. 페니미즘의 기원은 18세기 프랑스 혁명으로 거슬러 올라간다. 프랑스 혁명에서는 '인간과 시민의 권리 선언'이 채택되었는데, 여기에서 인간이란 남성에 한정되어 있었다. 이에 여성이 항의하기 시작하며 운동은 유럽 전역으로 퍼져나갔다.

일본에서도 메이지유신19세기 후반 막부를 무너뜨리고 중앙 집권 통일 국가를 이루어 일본 자본주의 형성의 기점이 된 변혁의 과정을 계기로 여성 해방 운동이 시작되었다. 그 후 각각의 시대를 통해 여성 해방 운동은 계속되고 있지만 안타깝게도 일본에서는 여성의 지위가 여전히 낮은 상태다.

세계 경제 포럼의 '글로벌 젠더 갭 지수'는 남녀 간의 격차를 보여주는 지표로, 2019년의 조사를 살펴보면 일본은 조사 대상국 153개국 중 121위로 G7 중에서는 최하위에 머물렀다.

다만 그럼에도 최근 희망적인 활동이 일본에서 일어났다. 다름 아닌 #KuToo이다. #KuToo는 이시카와 유미의 트위터에서 시작되었다.

"나는 언젠가는 여성이 일을 할 때 하이힐이나 펌프스를 신어야만 하는 풍조를 없애고 싶다. 전문학교 시절 호텔에서 머물며 한 달 동안 아르바이트를 했는데, 펌프스 때문에 발을 심하게 다쳐 학교도 그만두었다. 왜 발을 다쳐가면서 일을 해야 하는 걸까?

남자들은 굽이 낮은 구두를 신고 일하는데."[7]

이 트위터는 사람들에게 큰 반향을 불러일으켰다. 본인은 당시 운동까지 할 생각은 없었다고 한다. 하지만 너무나도 반향이 컸고, 전 세계에서 같은 고민을 하는 사람이 많다는 사실을 실감하여 온라인상에서 서명 운동을 하기로 결심했다고 말했다.

#KuToo라는 말은 앞에서 나온 #MeToo에 구두와 고통의 일본어 발음을 합쳐 만들어졌다. 이 운동은 미국의 힐러리 클린턴 전 국무장관에게까지 알려졌고, 2020년 3월 8일 국제 여성의 날에 방송된 CNN 프로그램 〈파리드 자카리아 GPS〉에서는 이 #KuToo 운동을 소개하면서 멋진 행동이라고 응원을 보냈다.

이후 일본항공은 2020년 4월 1일부터 이전까지 3~4센티미터로 정해져 있던 구두 굽 높이 규정을 0센티미터부터로 수정한다고 발표했다. #KuToo 운동이 원하던 일이 실현된 것이다.

이 #KuToo도 개인적인 의문과 분노가 발단이 되어 전 세계 여성의 공감을 얻고, 대기업의 유니폼 규정을 바꾸는 등 실제 사회를 변화시키는 활동이 된 사례라고 말할 수 있다.

---

7 ____ 이시카와 유미의 2019년 트위터 내용 중에서, https://twitter.com/ishikawa_yumistatus/1088410213105917952?ref_src=twsrc5Etfw

단
5분의 힘

"어떻게 그런 일이 있을 수 있나요!(How dare you!)"

이는 2019년 9월 23일 뉴욕에서 열린 국제연합 기후 행동 회담에서 스웨덴의 16세 소녀 그레타 툰베리가 한 연설 중 한 구절이다.

분노를 담은 그레타 툰베리의 연설 중 인상적인 이 한 구절이 전 세계에 퍼지며 그녀는 세계적인 환경운동가로 알려졌다. 연설하는 5분이라는 시간 동안 전 세계 리더들을 앞에 두고 분노를 숨기지 않고, 때로는 눈물을 글썽이며 자신의 의견을 피력하는 당당한 모습에 모두가 입을 모아 칭찬했다.

환경 문제에 대한 문제 제기와 활동은 세계적으로 계속해서 일어나고 있으며, 각 시대마다 상징적으로 주목받은 활동은 몇 번이고 있었다. 그런데 이번에는 아직 어리다면 어린 16세의 고등학생이 단 5분의 연설을 통해 전 세계에 성공적으로 문제 제기를 한 것이다. 분노를 무기로 한 가능성의 크기를 다시 한번 확인할 수 있는 일이었다.

보복 운전
박멸 프로젝트

이번에는 내가 소속되어 있는 일반 사단법인 일본 앵거 매니지먼트 협회가 진행하고 있는 '보복 운전 박멸 프로젝트'에 대해 소개하겠다.

2017년 6월 5일 일본의 가나가와 현 아시가라미 군 오이마치의 도메이고속도로 하행선에서 대형 사고가 일어났다. 조사에 따르면 악질적인 보복 운전에 의한 사고였다고 한다.

추월 차선에 정차해 있던 두 대의 승용차를 뒤에서 달려온 트럭이 충돌하여 부부인 남성 1명과 여성 1명이 사망하고 보복 운전 가해자를 포함 4명이 중경상을 입었다.

사망한 부부와 함께 타고 있던 두 딸이 부모님을 눈앞에서 잃었다는 안타까움과 함께 뿌리 깊고 심각한 사회 전체적인 문제에 사람들의 관심이 모였다.

2019년 8월 조반고속도로 모리야 휴게소 부근에서 일어난 사건 또한 사회가 보복 운전에 대해 생각하는 계기가 되었다. 이 사건에서는 가해자가 시승차를 운전하고 있었던 점과 동승자 여성이 가해자가 피해자를 때리는 장면을 휴대폰으로 촬영했던 것 등이 차례차례 밝혀지면서 악질적인 보복 운전이 다시 화두로 떠올랐다.

보복 운전은 사실 최근에야 나타난 개념이 아니라 전 세계 어디에서나 흔히 일어나고 있는 일이다.

미국에는 보복 운전, 난폭 운전을 한데 일컫는 로드레이지(Road rage)라는 단어가 있다. 로드는 길, 레이지는 격렬한 분노라는 뜻으로 직역하면 도로 위 격렬한 분노가 되는데 자동차를 운전하는 도중 느낀 분노에 따라 발생하는 행위를 전반적으로 가리키는 의미로 사용된다.

미국의 로드레이지가 가리키는 의미는 보복 운전, 난폭 운전 등보다도 상당히 폭넓게 사용된다. 예를 들면 차 안에서 혀를 차거나 불만을 터뜨리는 등 부정적인 태도를 취하는 것도 로드레이지에 포함된다.

실제로 미국의 로드레이지에는 특별히 화를 잘 내는 일부의 사람들에게만 해당되는 일이 아니라 누구나 가해자도 피해자도 될 수 있다는 인식이 담겨 있다. 이를 잘 보여주는 것이 1971년에 개봉한 스티븐 스필버그 감독의 영화 〈대결(Duel)〉이다. 주인공이 고속도로에서 트레일러를 추월하자 트레일러 운전자가 집요하게 따라가며 목숨을 노린다는 영화다. 정확히 로드레이지를 모티브로 사용한 영화라고 할 수 있다.

당시 미국에서는 로드레이지가 누구나 겪을 수 있는 위험으로 인식되었고, 언젠가 자신이 피해를 입을지도 모른다고 느꼈을 것이다. 영화를 계기로 순식간에 사회가 로드레이지 문제에 주목하게 되었다.

미국에서는 경범죄 등으로 체포되면 재판소에서 가해자 갱생 프로그램 수강 명령이 떨어지고는 한다. 예를 들어 가정 폭력 가해자에게 가정 폭력과 관련된 갱생 교육 프로그램을 받도록 하는 것이다. 처벌뿐만 아니라 교육을 받아 갱생할 기회를 주는 사회적 제도라 할 수 있다. 앵거 매니지먼트도 이런 갱생 교육 프로그램의 하나로 채택되어 있다.

대체로 상해 사건의 경우 앵거 매니지먼트 수강이 재판소 명령으로 내려지는데, 자동차 운전 문제에 대해서도 명령이 내려지는 경우가 있다. 운전과 분노의 감정은 밀접한 관련이 있다고 생각하기 때문이다. 그렇기에 우리 협회가 보복 운전 박멸을 목표로 활동을 진행하는 것은 당연한 흐름이었다.

원래는 보복 운전보다도 넓은 의미가 되는 로드레이지 박멸이라는 의미지만, 우리에게는 로드레이지라는 단어가 익숙하지 않기 때문에 프로젝트명은 '보복 운전 박멸 프로젝트'로 정했다.

이 프로젝트의 활동 내용은 다음 두 가지다.

- 계몽 책자, 전단지 제작 및 배포
- 자동차에 붙이는 계몽 스티커 제작 및 배포

책자와 전단지는 보복 운전에 대한 지식을 사람들에게 알리기 위한 목적이다.

자동차에 붙이는 계몽 스티커는 눈에 보이는 형태로 제작했다. 초보 운전이나 '아이가 타고 있어요(Baby in Car)' 같은 스티커처럼 원하는 곳에 붙일 수 있도록 하고, 보복 운전을 허용하지 않는다는 문구를 넣어 보복 운전을 방지하고자 했다.

책자, 전단지, 스티커는 우선 도메이고속도로 하행선 에비나 휴게소와 아시가라 휴게소에 배포했다. 당초 500부를 배포했는데 순식간에 동이 나서 바로 추가 제작했다. 얼마나 많은 사람들이 관심을 갖고 있는지 실감할 수 있었다.

의외였던 부분은 트럭 운전사분들이 많이 받아 갔다는 것이었다. 일반적으로는 보복 운전은 큰 자동차가 작은 자동차를 대상으로 저지른다고 생각하지만 실제로는 그 반대다. 이전에는 자동차 번호로 누구나 개인을 특정할 수 있었지만 지금은 그렇지 않기 때문이다. 그에 비해 트럭은 회사명은 물론 운전사 이름까지 게시하는 경우도 있다.

다시 말해 익명인 일반 승용차 운전자가 실명인 트럭 운전자보다도 힘의 관계에서 더 강한 입장인 것이다. 보복 운전이 일어나는 대표적인 이유 중 하나가 익명성인데 이는 그 사실을 뒷받침해주는 결과였다.

그 후 우리 협회만으로는 제작 및 배포에 한계가 있었기 때문에 책자, 전단지, 스티커를 저작권이 무료인 소스로 공개하여 누구나 자유롭게 사용할 수 있도록 했다. 그 결과 NEXCO 일본고속도로주식회사와 자동차 판매점, 운송업, 택시 회사 등 많은 기업으로부터 함께하고 싶다는 의뢰를 받아 협업을 통한 다양한 활동이 계속 진행되고 있다.

당시 도로교통법에는 차간 거리 유지 의무 위반, 급브레이크 금지 위반, 진로 변경 금지 위반 등은 있었지만, 보복 운전, 난폭 운전에 대한 규제가 없었던 점이 문제였다.

보복 운전 박멸 프로젝트가 사회의 주목을 받으면서 2020년 6월 30일 개정 도로교통법이 시행되어 보복 운전에 대한 엄격한 규제가 이뤄지게 되었다. 그야말로 사회의 분노가 법제도를 움직인 사례이다.

나아가 우리는 규제뿐만 아니라 보복 운전 방지를 위해 면허를 취득할 때나 갱신할 때 구체적인 형태의 교육이 필요하다고 보고 있다. 자화자찬일 수도 있지만 우리 협회가 보복 운전에 대해 계몽 활동을 시작한 것은 일본에서는 상당히 빠른 단계였다.

우리 협회는 큰 단체는 아니지만 이 활동은 상당히 크게 미디어에 보도되었고 많은 기업의 협조를 얻을 수 있었다. 사회에 잠재된 분노를 공분으로 표면화하여 사회를 바꾼 하나의 계기가 되었다고 자부한다.

분노는
액셀이면서 브레이크다

지금까지 분노가 계기가 되어 개인과 사회가 변화한 사례에 대해 이야기했다.

분노를 느끼는 것 자체를 부끄럽고 부정적인 것으로 생각하기 쉽지만, 그 분노가 개인과 사회에 긍정적인 변화를 가지고 오는 경우도 많다. 분노의 감정을 부정적으로 보지 않고 자신과 사회에 커다란 변혁을 일으킬 가능성을 우선으로 생각한다면 분노를 느끼는 자신을 긍정적으로 받아들일 수 있을 것이다.

분노는 무언가를 바꾸게 하는 액셀 역할을 한다. 반면 분노를 느끼는 것에 죄악감이 있다면 분노를 그대로 행동으로 옮기지 않게 되기 때문에 동시에 브레이크 역할도 한다. 앞으로 움직이려는 힘과 그 자리에 멈추려는 힘이 상호 작용하여 괴로운 딜레마의 상황에 놓인다. 이를 악물고 왜 앞으로 나가지 못할까 몸부림치게 되는 것이다.

그렇다고 해서 브레이크가 되는 죄악감을 없애는 것이 반드시 좋은 일은 아니다. 브레이크는 자제심이다. 분노 때문에 성질을 부리거나 무모한 행동을 하지 않게 해주는 규율의 역할도 한다.

분노를 자신을 움직이는 동기로 만드는 동시에 죄악감을 자제심으로 활용하면 균형을 잡을 수 있다. 그렇다면 분노와 죄악감을 어느 정도의 비율로 느끼면 좋을까? 사실 그 비율에 절대적인 정답은 없다. 균형이 적절한지는 자신이 분노를 느끼는 감정 그대로 행동한 결과, 그것이 어떤 성과를 만들고 평가를 얻었는가로 알 수 있다. 자신은 그 결과가 좋았다고 생각하더라도 주변에서 지나치다, 아무리 그래도 너무하다는 말을 들으면 그것은 브레이크가 제대로 기능하지 않은 결과일지도 모른다. 반대로 분노를 느끼더라도 아무런 행동을 하지 않는 경우는 브레이크가 지나치게 강한 탓일지도 모른다.

자신에게 있어 액셀과 브레이크의 가장 좋은 균형이 어떤 상태인지를 찾는 것도 분노를 무기로 삼는 데 중요한 요소이다.

액셀과 브레이크의 비율에 절대적인 정답은 없다고 앞에서 이야기했지만, 앵거 매니지먼트 측면에서 보면 그 행동이 4장에서 소개하는 빅 퀘스천에 따른 것인지의 여부를 기준으로 판단할 수 있다. 빅 퀘스천을 따른 비율은 정답이고, 그렇지 않다면 비율에 문제가 있다고 볼 수 있다.

자신이 느끼는 분노를 솔직하게
마주하고 있는가, 그렇지 않은가,
그리고 실제로 행동하는가, 행동
하지 않는가에 따라 개인과 사
회는 변한다.

3장

분노를 다루는
자가 분노를 지배한다

ANGRY

사람들이 분노를
잘 다루지 못하는 이유

우리는 분노의 감정과 잘 지내고 있을까?

이 질문에 답을 하려면 우선 분노와 잘 지낸다는 것이 어떤 것인지를 정의해야만 한다.

그렇다면 내가 이 책에서 계속 언급하고 있는 앵거 매니지먼트가 무엇인지부터 먼저 알아보자.

앵거 매니지먼트란 1970년대에 미국에서 생긴 것으로 분노의 감정과 잘 지내기 위한 심리 트레이닝이다. 화를 내지 않는 것이 목표가 아니라 화를 낼 필요가 있는 일에는 적절하게 화를 내고 화낼 필요가 없는 일에는 화를 내지 않고 지나칠 수 있게 되는 것을 목표로 한다.

한마디로 앵거 매니지먼트란 분노의 감정 때문에 후회하지 않는 것이라고 정의한다.

우리는 "그런 말을 하지 말걸", "그렇게 행동하지 말았어야 해"라며 화를 낸 것에 대해 후회한다. 또 화를 내지 않았을 때도 화를 낼걸 하고 후회한다. 그때 무슨 말이든 했어야 했다고 생각하는 것이다. 즉 분노의 감정과 잘 지내지 않으면 화를 내도 후회하고 화를 내지 않아도 후회하게 된다.

이때의 키워드는 '후회'다. 앵거 매니지먼트에서는 분노의 감정으로 발생한 행동에 대해 후회하지 않게 되는 것을 최우선 목표로 삼는다.

화를 낸 후, 혹은 화를 내지 않은 후에 후회를 하지 않으면 분노의 감정과 잘 지내는 것으로 판단할 수 있다. 물론 분노에 휘둘려 자기 마음대로 행동하고 주위에 피해를 주는 사람이 후회는커녕 자신의 행동이 잘못되었다고 생각하지 않는다고 하더라도 그것을 분노의 감정과 잘 지낸다고 말할 수는 없다.

예를 들어 회사에서 상사가 화나는 감정을 그대로 부하 직원에게 쏟아냈다고 하자. 실적이 목표에 도달하지 못했는데도 부하 직원은 그 부분에 대해 너무나도 긴장감이 없는 태도를 보였다. 그런 태도에 화가 난 상사가 파워해러스먼트_{직장 내에서 권력이나 지}

위를 이용해 직무와는 관계없거나, 직무상 적정 범위를 넘어 부하 직원에게 압력을 가해 정신적인 고통을 주는 것이 될 만한 폭언을 하거나 정신적으로 궁지에 몰릴 법한 집요한 질책을 했다.

회사에서 그 상사에게 부하 직원을 대하는 태도에 대해 지적했을 때 상사가 자신의 잘못은 없다, 그 직원을 위해서 한 일일 뿐이고 아무런 후회를 하지 않는다고 반론한다고 해도 파워해러스먼트 안건으로 처분을 피할 수는 없다.

누구나 살아가면서 화를 낸 후에 후회하고, 때로는 화를 내지 않아서 후회하는 경험을 한다. 분노의 감정에 휩쓸려 친구와 싸운 후 사이가 멀어졌다, 자신도 모르게 불필요한 말을 한마디 더 하는 바람에 업무에 문제를 일으켰다, 분위기에 휩쓸려 반박하지 못했는데 아무리 생각해봐도 그때 왜 말하지 못했을까 후회스럽다는 등 누구나 이와 같은 비슷한 경험을 했을 것이다.

분노의 문제는 오늘날에야 시작된 것이 아니다. 옛날 사람들도 마찬가지였다. 동서고금을 막론하고 분노에 관련된 명언은 쉽게 찾아볼 수 있다. 그중에는 분노를 주의하라는 의미를 담고 있는 명언이 있는가 하면 분노를 잘 활용하는 힌트가 숨어 있는 명언도 있다. 앞에서 언급한 몇 가지 명언 외에도 다양한 명언이 남아 있으므로 또 다른 예를 살펴보면서 그 의미를 생각해보자.

"마음의 분노를 끊어내고, 표면의 분노를 버리고, 사람들과 다르다는 것에 노하지 마라."_ 쇼토쿠 태자

일본에 불교를 중흥시킨 쇼토쿠 태자의 명언이다. 마음속의 분노를 걷어내고 표정, 몸짓, 태도로 드러내는 분노를 버리고 자신과 다르다는 것에 화를 내지 말라고 가르치고 있다. 쇼토쿠 태자가 살던 시대인 6~7세기 때부터 사람은 다른 사람과 자신의 다른 점에 대해 분노를 느꼈다는 사실이 무척 흥미롭다.

"분노를 안고 있는 것은 뜨거운 숯을 누군가에게 던지는 것과 마찬가지다. 다만 화상을 입는 사람은 분노를 안고 있는 자신이다."_ 석가모니

누군가에게 분노를 표현하는 행위는 뜨거운 숯을 던지는 정도의 공격성과 같다. 그런데 지나친 분노는 자신을 다치게 한다. 그야말로 분노에 몸을 태워버리는 것이다. 이런 사람은 결코 인생이 순조로이 흘러가지 않을 것이다.

"무엇이 되었든 분노에서 시작한 것은 수치로 끝난다."_ 벤저민 프랭클린

나중에 후회해보았자 소용없다는 말이다. 분노를 느끼는 감정을 있는 그대로 표출하고 나면 그 후에 남는 것은 수치뿐이라는 것은 많은 사람들이 공감할 수 있을 것이다.

"웃는 얼굴에 침 못 뱉는다."_ 속담

분노에 대한 최대의 방어는 웃는 얼굴이라는 생각은 상당한 의미가 함축되어 있다. 화난 사람에게 똑같이 화로 돌려주지 않고 웃으며 대한다면 상대도 계속해서 화를 낼 수 없고 어느샌가 화를 내지 않게 될 것이다.

"분노는 종종 도덕과 용기의 무기가 된다."_ 아리스토텔레스

앞에서 살펴본 것은 분노를 나쁜 것, 문제가 있는 것으로 생각하는 명언이었다. 거기에 비해 아리스토텔레스의 이 명언은 분노가 유익한 무기가 될 수 있다고 조언한다.

아리스토텔레스는 고대 그리스 철학자로 지금으로부터 2,000년도 훨씬 전에 살았던 사람이다. 그렇게 오래전부터 분노를 무기로 삼는다는 발상이 있었고, 분노를 실제로 무기로 활용하던 사람이 있었다는 사실에 놀라움을 감출 수 없다.

이처럼 다양한 명언을 통해 사람은 시대와 지역에 관계없이 분노의 문제를 안고 있었다는 사실을 알 수 있다.

분노와
마주하라

하지만 분노 문제를 정면으로 마주하고 어떻게 다루면 좋을지 생각하는 사람은 거의 없다.

일본 앵거 매니지먼트 협회는 2011년에 설립된 이후 일본 전국에서 다양한 세미나, 강연, 연수 등을 진행해왔다. 2012년 연간 수강자 수는 8,000명 정도였으나 2019년에는 30만 명을 넘어서는 수준으로 순식간에 늘어났다.

지금까지 누적 수강자 수는 100만 명을 넘어서고 있다. 수강자의 연령대를 살펴보면 대체로 15세 이상 65세 미만의 흔히 말하는 경제활동 인구에 해당하는 사람들이었다.

지난 통계를 살펴보면 2015년 10월 기준 일본의 경제활동 인구는 7,592만 명이었다. 경제활동 인구 전체에 대한 비율을 따져보면 100만 명은 약 1.3퍼센트밖에 되지 않는다. 물론 앵거 매니지먼트 강좌와 세미나를 듣지 않았다고 해서 분노 문제를 생각하지 않는다고 말할 수는 없다.

앵거 매니지먼트 이외에도 분노 문제를 진지하게 생각해볼 방법은 있다. 카운슬링이나 코칭을 받거나 템플 스테이를 해보거나 분노에 관련된 책을 읽거나 자신의 행동을 되돌아보며 스스로 생각해보는 등 가벼운 것에서부터 시간과 노력이 비교적 많이 드는 것까지 종류는 다양하다.

다만 분노 문제에 대해 상당히 관심이 높은 사람이라면 앵거 매니지먼트에 관심을 가질 가능성이 높다고 말할 수 있다. 과장이 아니라 분노 문제는 누구나 조금씩은 안고 있는 문제이다. 그런데도 어째서 많은 사람은 자신의 분노 문제를 진지하게 생각하지 않는 걸까?

그 이유는 분노 문제를 직접적인 통증으로 느끼기 힘들기 때문이다. 만약 무릎이 아파서 걸을 수 없거나 걸을 수 없는 정도를 지나 가만히 있어도 계속해서 통증이 이어지고 일상생활에도 지장을 준다고 해보자. 이것은 무릎의 통증을 직접적으로 느끼는 상태이다. 그리고 그 통증의 원인이 무릎이라는 것을 스스로 알고 있다.

그런데 많은 사람들이 분노에서 오는 마음의 통증은 직접적으로 느끼지 못한다. 친구와 별것 아닌 일로 싸워서 사이가 멀어졌거나, 불필요한 말을 해서 신뢰 관계가 무너졌거나, 아이에게 크게 혼을 낸 날 밤 잠들기 전에 후회하거나, 분노를 그대로 드러낸 말과 행동으로 회사의 징계를 받아 일을 그만두게 된 경험들을 통해 '아, 그런 일로 화내지 않았으면 좋았을 텐데'라고 후회하며 마음에 통증을 느낀다. 하지만 그 통증은 오래가지 않는다. 왜냐하면 육체적인 통증과는 달리 마음의 통증은 쉽게 잊어버리기 때문이다.

사람은 분노로 인해 실패와 후회를 느끼더라도 직접적인 통증으로 기억하지 못한다. 그렇기 때문에 분노에 따른 통증을 느꼈다고 하더라도 시간과 노력을 들여 그것과 진지하게 마주할 정도까지 가지 않는 것이 현실이다. 여기에서 한 가지 확실히 말할 수 있는 것은 분노 문제를 마주하지 않는 한 분노를 제대로 활용할 수 없다는 것이다.

'적을 알고 자신을 알면 백전백승'이라는 말은 적의 실력을 알고 자신을 이해한다면 백 번을 싸워도 지지 않는다는 손자의 격언이다. 분노는 비록 적은 아니지만 분노를 알고 자신을 안다면 분노와 백 번 싸운다고 하더라도 분노에게 져서 후회하는 일은 사라질 것이다.

분노가
일어나는 구조

우선 분노를 아는 것이 분노를 잘 사용할 수 있는 첫걸음이다.

분노가 생기는 원리는 라이터를 떠올려보면 이해하기 쉽다. 라이터의 부싯돌을 찰칵 돌리면 불꽃이 튀는데, 그 불꽃에 가스를 흘려보내 불길이 타오르는 원리다. 부싯돌을 돌리는 순간을 분노의 불씨가 만들어지는 순간이라고 할 수 있다.

분노의 불씨가 생기는 때는 자신의 가치관이 눈앞에서 상처받았을 때이다. 자신이 상식적으로 당연하다고 생각했던 것과 다른 일이 눈앞에서 일어났기 때문에 자신의 가치관이 상처를 받는 것이다.

예를 들어 매너를 지키는 것이 당연하다고 생각하는 사람 앞에서 매너를 지키지 않는 사람이 있다면 자신의 생각과는 다른 일이 눈앞에서 일어났기 때문에 분노의 불씨가 생긴다.

웃어른을 존경해야 한다는 상식을 가진 사람에게 나이가 어린 사람이 불손한 태도를 취하면 왜 이 사람은 이렇게 상식에 어긋나는 행동을 하는지 알 수 없어 분노를 느끼게 된다.

쇼토쿠 태자는 '사람들과 다르다는 것에 노하지 마라'라고 말하며 누군가가 자신과 다른 것에 화를 내지 말라는 가르침을 전하고 있다고 앞에서도 이야기했다.

그럼에도 지금은 물론 옛날부터 자신과 다른 사람, 다른 가치관에 사람들은 분노를 느껴왔다. 또 때로는 대수롭지 않은 반응이나 특정 행동 등에 분노의 불꽃이 튈 때도 있다. 언뜻 보면 평범한 반응처럼 보이지만 사람에 따라서는 흥미가 없는 것으로 보거나 매정하게 대했다고 받아들이는 사람도 있다.

나는 누군가가 엘리베이터에서 내릴 때 닫힘 버튼을 계속해서 누르는 사람을 보면 짜증이 난다. 닫힘 버튼을 눌러대는 행위에서 누군가를 배제하려는 느낌이 들고 방해가 되는 사람을 내쫓으려는 의미처럼 느껴지기 때문이다. 이렇게 말, 행동, 사건에 자기 마음대로 의미를 부여해 생각하는 것도 분노의 불씨가 된다. 그렇다면 라이터의 가스 부분에 해당하는 것은 과연 무엇일까?

라이터의 가스는 부싯돌에서 튄 불꽃과 만나 불길을 만들어낸다. 분노의 경우 라이터의 가스에 해당하는 것은 자신 안에 있는 마이너스 감정이나 마이너스 상태이다. 마이너스 감정이란 불안, 고통, 불편함, 슬픔, 허무함, 절망, 외로움 같은 일반적으로는 부정적인 것이라고 생각하는 감정을 가리킨다.

강한 불안을 느끼거나 괴롭거나 슬플 때처럼 마이너스 감정을 느낄 때 분노가 쉽게 느껴지는 경험을 해본 적이 있을 것이다. 기쁘거나 행복에 빠져 있을 때보다도 이런 마이너스 감정을 안고 있을 때 화가 나기 쉬운 것은 경험으로 알 수 있다.

마이너스 상태란 피곤하거나 스트레스가 심할 때, 혹은 수면이 부족하거나 배고픈 상태, 몸의 어딘가가 아플 때 등 몸 상태가 좋지 않은 경우를 가리킨다. 건강할 때보다도 몸이 아프거나 컨디션이 나쁠 때 평소보다 쉽게 화가 난다는 것은 누구나 알고 있을 것이다.

여담으로 몇 년 전에는 Hangry hungry와 angry가 합쳐진 단어로, '배가 고파서 화가 나는 상태'를 뜻한다 라는 신조어가 생기기도 했다. 병이 났을 때 평소보다 짜증이 나는 것은 이런 이유에서다. 병이 났을 때야말로 휴식을 취하며 몸과 마음을 회복하는 것에만 집중하고 싶지만 오히려 화를 느끼기 쉬운 상태이기 때문에 실제로 화가 나게 되면 건강을 회복하기 어려워진다.

다시 말해 병이 났을 때는 신체를 회복시키기 어려운 악순환에 빠지기 쉽다. 병이 났을 때 안정이 필요한 이유는 분노라는 감정으로도 설명할 수 있는 것이다.

사람은 몸과 마음이 한계를 느낄 때 평소보다도 쉽게 화가 난다. 순간적으로 화가 날 법한 일을 똑같이 겪더라도 상황에 따라 굉장히 화가 날 때가 있는 반면 그렇지 않을 때도 있다는 사실을 눈치챈 사람이 있을지 모르겠다.

라이터에 비유해보면 부싯돌을 돌려 불꽃이 튀었을 때 큰 불길이 솟을 때도 있고 불이 켜지지 않을 때도 있는 것과 같다. 이 차이는 대체 무엇일까?

그것은 불꽃을 태울 가스 양의 차이다. 마이너스 감정과 상태가 한계까지 차 있을 때는 그만큼 불길을 만들어낼 에너지가 많은 상황이다. 반대로 편안하고 특별한 불안도 느끼지 않으며 느긋하게 휴식을 취해 몸도 마음도 피곤하지 않은 상쾌한 상태라면 불꽃을 태울 에너지가 거의 없다. 이런 상태일 때는 불꽃이 튀었다고 하더라도 불길이 크게 타오르지 않는다.

라이터에 비유한 원리를 생각해보면 분노를 키우지 않기 위한 두 가지 힌트를 얻을 수 있다.

분노를 키우지 않는
두 가지 힌트

라이터의 불길이 타오르는 것은 부싯돌에서 생긴 불꽃에 가스가 흘러가 불길을 만드는 에너지가 되기 때문이다. 이것을 분노에 대입해보면 다음과 같은 방정식으로 나타낼 수 있다.

분노 = 지뢰 × 마이너스 감정, 상태

지뢰를 밟는 것만으로는 분노의 불길이 커지지 않고, 마이너스 감정과 상태에 있다고 해도 그것만으로는 분노의 불길이 타오르지 않는다. 따라서 분노의 불길을 키우지 않기 위해서는 다음 두 가지 방법을 생각할 수 있다.

1. 지뢰를 줄인다.
2. 마이너스 감정, 상태를 줄인다.

두 가지 모두 줄일 수 있다면 더할 나위 없이 좋겠지만 둘 중

하나만이라도 줄이면 분노가 커질 기회를 상당히 줄일 수 있다.

우선 지뢰를 줄이는 방법을 살펴보자.

1. 지뢰 그 자체를 내려놓는다.
2. 지뢰에 대한 허용도를 높인다.

지뢰 그 자체를 내려놓는다는 것은 자신이 소중하게 생각하고 지키려는 가치관이 생각하는 것만큼은 가치가 없거나 가치는 있을지 모르지만 지나치게 품지 않아도 괜찮다, 혹은 지금 자신에게는 꼭 필요하지는 않다고 생각할 수 있는 상태를 의미한다.

예를 들어 '올바른 존댓말을 사용해야만 한다'는 가치관을 가진 사람이 있다고 하자. 그 사람은 존댓말을 제대로 사용하지 않는 사람을 볼 때마다 존댓말 정도는 제대로 사용했으면 좋겠다는 생각에 짜증이 날 것이다. 매번 올바른 존댓말을 쓰라고 주의를 주지만, 상대방은 귀찮다고 느끼며 별것도 아닌 일로 화를 내는 속 좁은 사람이라고 생각할지도 모른다. 지나치게 잔소리를 하면 상대가 자신을 싫어한다는 것을 본인도 알고 있다.

하지만 그렇다고 해도 역시나 단어 선택이나 높임말 여부가 신경 쓰이고, 스스로 귀찮다고 생각하면서도 주의를 주거나 그만두기를 반복한다. 만약 이 사람이 언어는 시대에 따라 변하는 것이고 난폭한 단어를 쓰지만 않는다면 상관없다고 생각하여 '올바른 존댓말을 사용해야만 한다'는 가치관을 내려놓을 수 있다면 다른 사람의 언어 사용에 대해 신경 쓰일 일이 줄어들고 필요 이상으로 짜증 날 일도 줄어들 것이다.

하지만 누가 뭐라고 해도 자신에게 있어서는 소중한 가치관이다. 그런 가치관을 그렇게 쉽게 내려놓을 수 있을까?

특정 언어나 행동에 반응하지 않기 위해서는 자신이 반응한다는 사실을 깨닫는 것이 중요하다. 상대방의 어떤 말 때문에 짜증이 난 것인지, 어떤 태도에 반응했기 때문에 순간적으로 화가 치솟은 것인지 자신을 자세히 관찰해봐야 한다.

반응은 자극을 받았을 때 생긴다. 그러므로 감정이 반응했다는 것은 반드시 어떤 자극을 받았다는 뜻이다. 그 자극이 대체 무엇인지를 아는 것만으로도 평정심을 유지한 채 반응할 수 있게 된다.

자극과 반응은 하나의 세트다. 자극이 있기 때문에 반응하게 되며 자극이 없다면 반응하지 않는다. 자신이 분노를 느꼈을 때 어떤 자극을 받았는지 주위를 관찰해보자. 말, 태도, 행동, 사건 등 무언가 자극이 될 만한 것이 반드시 존재한다. 그 자극이 무엇인지 찾아낸다면 자극에 대한 반응을 늦추거나 조건 반사에서 나오는 반응을 줄일 수 있다.

분노의 지뢰를
없애는 방법

　분노의 원인이 되는 자극을 찾아내기 위해서는 우선 자신이 소중하다고 생각하는 가치관을 몇 가지 적어본다. 누군가 소중하다고 생각할 법한 가치관의 다섯 가지 예를 들어보겠다.

- 회식 자리에서 첫 잔은 한번에 모두 마셔야 한다.
- 공공장소에서는 조용히 해야 한다.
- 거짓말을 해서는 안 된다.
- 음식을 남기지 않고 다 먹어야 한다.
- 아침 뉴스 프로그램은 반드시 ○채널을 봐야 한다.

　이렇게 다섯 가지를 적었다면 가장 중요한 것에서 덜 중요한 것까지 5에서 1로 순위를 정해보자.

　5. 거짓말을 해서는 안 된다.
　4. 음식을 남기지 않고 다 먹어야 한다.

3. 공공장소에서는 조용히 해야 한다.

2. 회식 자리에서 첫 잔은 한번에 모두 마셔야 한다.

1. 아침 뉴스 프로그램은 반드시 ○채널을 봐야 한다.

이렇게 나열해보면 '거짓말을 해서는 안 된다'가 이 중에서는 가장 중요하다는 사실을 알 수 있다. 이 가치관을 내려놓기는 어려워 보인다. 반면 '아침 뉴스 프로그램은 반드시 ○채널을 봐야 한다'는 가장 덜 중요한 위치에 있다. 이 가치관은 비교적 내려놓기 쉬워 보인다.

이제 이렇게 생각해보자. '아침에 ○채널 뉴스가 아닌 다른 프로그램을 본다면 무엇이 곤란해질까?' 그 프로그램은 각 코너가 시간대별로 정해져 있으니 시간을 확인하기 편리하다. 익숙하지 않은 프로그램을 본다면 따로 시간을 확인해야 하기 때문에 귀찮을 것 같다. 하지만 시간 정도야 시계나 스마트폰을 보면 간단히 해결될 문제이기에 그렇게까지 고집하지 않아도 괜찮아 보인다.

이렇게 생각해보면 이 가치관을 내려놓는다고 해도 문제가 생기지 않는다. 지금까지는 가족 중 누군가가 아침에 다른 프로그램을 보고 있으면 기분이 나빠지거나 하루의 시작이 흐트러진 기분이 들어 말할 수 없이 불쾌했는데 이 가치관을 내려놓으면 아침부터 기분 나빠질 일 없이 지낼 수 있다.

'회식 자리에서 첫 잔은 한번에 모두 마셔야 한다'도 곰곰이 생각해보면 그렇게까지 고집할 필요가 없다. 처음부터 한번에 마실 필요 없고, 자신이 마시고 싶은 만큼만 마시면 된다고 생각하면 지금까지 고집했던 것이 거짓말처럼 무의미하게 느껴진다.

반면 정말로 중요하다고 생각하는 가치관을 내려놓을 필요는 없다. 오히려 그 가치관을 소중하게 여기는 편이 자신다운 방식이 되고 자신의 마음을 지켜준다.

'거짓말을 해서는 안 된다'는 가치관에는 선의의 거짓말에 관한 생각도 포함될 수 있는데, 선의의 거짓말 때문에 상대가 오히려 상처를 받을 수 있을지도 모르기 때문이다. 이런 신념으로 거짓말을 해서는 안 된다는 생각을 관철하면 올곧은 사람, 흔들리지 않는 사람으로 주위 사람들로부터 존경의 눈길을 받을 것이다.

이와 같은 과정을 반복하면 자신에게 정말로 중요한 것, 양보할 수 없는 것, 반대로 내려놓아도 괜찮은 것을 분리할 수 있다. 어떤 일이든 그렇지만 떠안고 있는 것보다 내려놓는 편이 마음이 가벼워진다. 다만 그렇다고 해도 적어도 자신에게는 중요했던 일이었기에 그렇게 쉽게 내려놓지 못할 수도 있을 것이다.

그렇다면 도저히 지뢰를 내려놓지 못할 경우에는 어떻게 하면 좋을까?

도저히 용납할 수 없는
분노에 대한 대처법

만약 분노의 지뢰를 내려놓기 힘들다면 지뢰에 대한 허용도를 올리는 방법도 있다. 앞에서는 자신의 가치관 자체를 내려놓자고 언급했지만, 이번에는 내려놓지 않더라도 그 가치관 안에서 허용되는 범위를 넓히고 중요도를 완화하는 방법에 대해 다루려 한다. 하루아침에 가치관을 없애는 것이 아니므로 앞에서 이야기한 방법에 비해 쉬울 것이다.

앞에서 이야기한 '공공장소에서는 조용히 해야 한다'의 가치관의 허용도를 높이는 방법에 대해 이야기해보자. 이 가치관에 대해 찬찬히 생각해보면 몇 가지 모호한 부분이 보인다. 예를 들어 조용히 해야 한다는 부분은 어떤 기준으로 조용하다고 판단할 수 있을까?

조용함을 측정하는 방법으로는 소리의 크기, 시간의 길이, 빈도 등을 생각할 수 있다. 또 아이가 떠들고 있는데 곁에 있는 보호자가 아무 말도 하지 않고 내버려두고 있는지, 아니면 조용히 시키려고 노력하고 있는지에 따라서도 인상은 전혀 다를 것이다.

따라서 다음과 같이 생각해볼 수 있다. 과연 '공공장소에서는 조용히 해야 한다'라는 가치관에 위배되는 일을 눈앞에서 마주했을 때 전력으로 화를 낼 필요가 있는 걸까?

이때 앵거 매니지먼트의 생각 컨트롤이라는 방법을 사용하여 허용할 수 있는 것과 허용할 수 없는 것을 정리한다.

우선 자신의 가치관에 대해 다음 세 가지를 설정한다.

1. 허용할 수 있다.
2. 어느 정도 허용할 수 있다.
3. 허용할 수 없다.

허용할 수 있다는 것은 자신과 가치관이 완전히 일치하는 것으로 말하자면 100점 상태다. 어느 정도 허용할 수 있다는 것은 자신의 가치관과는 조금 다르지만 허용 범위 안에 들어가는 상태다. 허용할 수 없다는 것은 자신의 가치관에서 본다면 받아들일 수 없는 상태다.

가치관에 대해서 허용도를 높인다는 것은 그 가치관에 대해 '어느 정도 허용할 수 있다'는 허용 가능성의 범위를 넓히는 것을 말한다.

허용 가능성의 범위가 좁은 사람, 혹은 전혀 없는 사람은 그 가치관에 대해 허용도가 지극히 낮은 사람이다. 그런 사람은 공공장소에서 누군가가 조금이라도 큰 소리를 내는 행위에 대해 용서할 수 없는 일이라고 생각한다.

반면 허용 가능성의 범위가 넓은 사람은 똑같이 '공공장소에서는 조용히 해야 한다'는 가치관을 중요하게 여기고 있다고 하더라도 절대 용서할 수 없는 일이라고 생각하지는 않는다. 분명 공공장소에서는 조용히 하는 편이 좋지만 아이들은 어쩔 수 없지, 보호자가 조용히 시키려고 노력하고 있으니까 눈살 찌푸릴 필요는 없어, 저 정도 크기의 소리라면 시끄러운 정도는 아니야, 같은 생각으로 어느 정도는 허용할 수 있다.

분노의 불꽃이 거의 튀지 않는 사람은 100점부터 0점 사이의 어느 정도에 해당하는가에 따라 판단하는 것이 아니라 '100점은 아니지만 뭐 이 정도는 허용할 수 있어'라고 생각할 수 있는 사람이다.

그렇다면 어떻게 해야 허용 가능성의 범위를 넓힐 수 있을까? 무언가 분노를 느낄 것 같은 일을 겪을 때마다 '최소한 어떤 상황이면 허용할 수 있을까?'를 생각해보는 것이다. 이렇게 생각해보면 100점이나 0점이 아닌 그 사이에 있는 '어느 정도 허용할 수 있다'로 의식이 향하게 된다.

• 최소한 보호자가 주의를 주고 있다면 허용할 수 있다.

- 최소한 다른 사람이 있다는 것을 신경 써준다면 허용할 수 있다.
- 최소한 5분 안에 조용히 해준다면 허용할 수 있다.

'최소한'은 '적어도'나 '하다못해', '그런대로' 같은 말로 바꿔도 상관없다. 자신의 가치관에 대한 허용도를 올리는 키워드로 사용해보자.

이런 과정을 통해 자신이 가지고 있는 가치관을 완화시키면 분노의 불꽃을 쓸데없이 튀기는 횟수도 줄어든다. 그렇다고 해서 모든 것을 허용하라는 말은 아니다. 자신의 인생에서 양보할 수 없는 것, 허용할 수 없는 것이 분명 있을 것이다. 그런 부분까지 범위를 확대할 필요는 없다.

허용해도 상관없는 것과 허용해서는 안 되는 것을 자기 나름대로 구분해둔다. 그 기준은 4장에서 설명할 '앵거 매니지먼트의 빅 퀘스천'에 맞춰 다룰 예정이다.

마이너스 감정을
대하는 방법

지뢰를 없애는 것, 다시 말해 분노의 불꽃이 튀는 빈도를 낮추려고 노력하는 동시에 불꽃의 에너지가 되는 마이너스 감정, 상태를 줄이는 것에도 도전해보자.

마이너스 감정을 줄이기 위해서는 어떻게 하면 좋을까?

우리는 문제를 해결할 때 일단 원인을 찾아내어 없애려고 한다. 다만 원인을 찾아낸다고 하더라도 현실적으로 그 원인을 없앨 수 없는 경우는 얼마든지 있다.

예를 들어 코로나 19 바이러스 상황이 심각해지면서 불안해진 사람이 있다고 하자. 불안을 느끼는 것 자체는 바이러스에 대해 경계하는 행동으로 볼 수 있으므로 긍정적인 면이다. 하지만 불안의 정도가 지나치게 심하여 마스크를 비싼 가격에 사 모으거나 식료품이나 생필품을 사재기 하는 등 평소에는 생각할 수 없는 행동을 한다면 문제가 있다고 볼 수 있다. 필요 이상으로 불안해졌을 때에는 그 이유를 잘 생각해봐야 한다.

우선 생각할 수 있는 원인으로 언론이나 지인에게서 너무 많은 양의 정보를 무분별하게 받아들여 스스로 처리하지 못하고 패닉에 빠진 경우다. 이 경우 정보의 생산 자체를 멈추게 할 수는 없다. 또한 코로나 19 바이러스 문제가 해결되어도 변함없이 언론이 코로나 19 바이러스처럼 급속히 전파될 가능성이 있는 다른 종류의 바이러스가 곧 다시 나타날 것이라고 끊임없이 보도한다면 계속해서 불안을 느끼게 된다.

이런 예에서 알 수 있는 것은 불안의 원인을 파악한다고 해도 그 원인 자체를 제거할 수 없는 경우가 있다는 점이다. 그렇다면 어떤 다른 해결 방법이 있을까? 위와 같은 경우에는 해결 지향이라고 불리는 사고방식이 효과가 있다.

앞에서 말한 코로나 19 바이러스 문제의 예시와 같이 원인을 안다고 해도 원인을 제거할 수 없는 경우 원인을 찾는 것은 다소 도움이 되지만 문제를 해결하는 직접적인 방법은 되지 못한다. 이럴 때에는 원인을 찾기보다는 이상적인 상태와 현재 상태 사이의 간극을 찾아 그 간극을 줄이기 위해 어떻게 하면 좋은지 생각하는 방법으로 문제를 해결할 수 있다. 이 경우 원인 그 자체를 없애려고 생각하지 않는 것이 포인트다. 근본적인 원인은 없애지 않아도 상관없다고 생각하고, 애초에 원인을 생각하지 않도록 한다.

어떤 문제가 일어난다고 해도 불안한 감정에 휘둘리지 않고 일상생활을 유지하는 것을 이상적인 상태라고 한다. 이것이 우리가 목표로 하는 지점이다. 불안감에 휘둘리지 않는 상태를 목표로 한다면 코로나 19 바이러스가 세상에서 사라지지 않고, 당장 원인이 해결되지 않아도 상관없다. 또 언론이나 지인으로부터 어떤 정보를 들어도 상관없다. 상황을 받아들이고 자신에게 필요한 정보만 스스로 취합해서 선택할 수 있게 된다면 쓸데없는 정보 때문에 일일이 혼란스러워하지 않아도 된다. 해결책으로 자신이 신뢰하는 정보만 받아들이고 그 이외에는 보지 않도록 하는 방법이 있다.

나도 코로나 19 바이러스 문제로 불안을 느끼는 사람 중 한 명이지만 불안을 느끼더라도 평상시와 특별히 다르지 않게 생활하고 있다. 그렇다면 불안을 느끼면서도 어떻게 평상시와 다르지 않게 생각하고 행동할 수 있을까? 그 이유는 코로나 19 바이러스에 대한 정보를 입수할 정보원을 대폭 좁혀두었기 때문이다.

TV, 신문, 라디오, 인터넷 등 다양한 미디어가 일방적으로 발신하는 정보는 기본적으로 보지 않는다. SNS상에서 신뢰할 수 있다고 생각되는 사람이 참조하는 뉴스만을 보려고 노력하고 있다. 그 뉴스가 반드시 정답인지는 알 수 없다. 다만 적어도 정보가 들어오는 입구를 좁혀두면 불안에 휘둘리지 않게 된다. 불안의 원인을 없애지는 못하지만 불안의 원인을 보지 않거나 보는 양을 줄일 수는 있다.

다른 마이너스 감정도 같은 방법으로 줄일 수 있다. 만약 괴로움이라는 큰 마이너스 감정이 있다면 괴로움의 원인이 되는 것을 어떻게든 해결하려고 생각하지 않는다.

원인은 그대로 한쪽으로 밀어두고 자신이 목표로 하는 상태를 생각하여 그 이상적인 상태와 현실 사이의 간격을 어떻게 하면 조금이라도 좁힐 수 있을지를 생각하여 행동하면 된다.

원인을 알아도 해결할 수 없는 것을 무리해서 해결하려고 하면 헛수고의 결과만 돌아올 뿐이고, 마이너스 감정을 줄이려다 오히려 마이너스 감정을 키우게 되는 본말전도의 상태가 되어버린다.

마이너스 상태를
개선하는 방법

이번에는 마이너스 상태에 대해 살펴보자.

앞에서도 이야기했지만 마이너스 상태란 피곤함, 강한 스트레스, 수면 부족, 공복, 통증 같은 신체가 불편한 상태를 가리킨다.

앵거 매니지먼트는 심리 트레이닝이지만 신체 컨디션을 관리하고 좋은 상태로 유지하는 것도 상당히 중요한 지점으로 보고 있다. 꾸준히 앵거 매니지먼트를 하고 있는 나 또한 수면이 부족하거나 몸과 마음이 피곤해졌을 때는 앵거 매니지먼트가 힘들어진다는 것을 절실히 느낀다. 반면 배가 고픈 정도로는 그다지 영향을 받지 않았다.

어떤 컨디션일 때 평소보다도 분노를 쉽게 느끼는지, 분노를 다루기가 어려워지는지는 사람에 따라 다르다. 건강한 컨디션을 유지하기 위해서는 일반적으로 영양 균형이 잡힌 식사, 충분한 수면, 적절한 운동이 중요하다고 알려져 있다.

그렇다면 어떻게 하면 균형 잡힌 식사를 할 수 있을까? 이전에는 하루에 서른 가지 재료를 사용하여 차린 식단을 먹어야 한다고 알려져 있었지만 최근에는 하루 열다섯 가지라는 의견도 있다고 한다. 어느 쪽이 되었든 자신의 식습관을 스스로 알지 못하면 섭취 칼로리는 물론 영양 균형도 개선할 수 없다. 자신이 하루에 무엇을 얼마큼 먹고 있는지 파악하기 위해 먹은 음식을 전부 메모해두는 방법을 추천한다.

일본에서는 2007년에 출간된 오카다 도시오의 저서 『언제까지나 돼지일 거라고 생각하지 마(いつまでもデブと思うなよ)』에서 소개한 레코딩 다이어트가 크게 유행했던 적이 있다. 이 다이어트 방법은 자신이 먹은 것을 기록하여 어떻게 식사를 하고 있는지 파악하고 자각하여 식생활을 개선함으로써 그 결과 살이 빠지는 원리이다.

나중에도 이야기하겠지만 실제로 앵거 매니지먼트에도 분노를 기록하는 '앵거로그'가 있다. 기뻤던 일을 기록하는 '해피로그', 자신의 가치관을 기록하는 '가치로그'처럼 다양한 것을 기록하면 감정을 파악할 수 있게 되고 생활이 개선된다. 식사뿐만 아니라 수면이나 운동에 관해서도 기록하는 것이 컨디션을 개선하는 좋은 방법이다.

요즘에는 다양한 애플리케이션이 나와 있다. 단순히 자신의 식사 내역을 입력하여 기록하는 것에서부터 바코드로 식품명, 영양소 등을 전부 검색할 수 있는 것도 있다.

참고로 나는 마이피트니스팔(MyFitnessPal)이라는 애플리케이션으로 모든 식사를 기록하여 하루에 섭취하는 칼로리와 영양소 균형을 살펴보고 있다.

처음에는 조금 귀찮았지만 익숙해진 후에는 바코드로 검색하지 않아도 식품에 따라 칼로리가 대충 어느 정도이고 영양소는 어떤지 알 수 있게 되었다. 식사를 기록하면서 확실히 필요 이상으로 과하게 먹지 않게 되었고, 영양 균형을 어느 정도 의식할 수 있는 등 큰 변화가 느껴졌다.

수면 역시 중요한 요소인데, 바쁜 현대인은 충분한 수면 시간을 확보하기 어렵다. 수면과 관련해서는 오토슬립(AutoSleep)이라는 애플리케이션을 사용하여 수면 시간과 수면의 질을 체크하고 있다. 이렇게 수치로 가시화하면 좋은 수치를 얻기 위해 질 높은 수면을 취할 방법을 궁리해보게 된다. 예를 들면 오후에는 카페인을 줄이고, 자기 전에는 방을 어둡게 하고 인터넷 서핑을 하지 않는 등의 방법을 실천하고 있다. 그러면서 기록의 변화가 눈에 보이게 되면 창의적인 방법을 찾아 더 좋은 수면을 취하고자 하는 동기가 생긴다. 또한 운동 부족 문제도 오랫동안 안고 있었다. 운동 부족이라고 특정 스포츠를 해야만 하는 것은 아니다. 단순히 걷는 것만으로도 좋다.

지금은 대중교통이 발달했고 자동차도 누구나 운전할 수 있는 시대이다. 어디에 가더라도 교통수단을 이용하기 때문에 일상생활에서 걷는 일이 상당히 줄었다.

스마트폰에는 기본적으로 걸음 수를 측정할 수 있는 기능이 탑재되어 있으므로 스마트폰을 가지고 다니는 것만으로 하루에 몇 보를 걷는지 알 수 있다. 나도 스마트폰과 스마트워치를 사용하여 하루 걸음 수를 기록하고 있는데, 기록하기 전과 후에 극적으로 하루 걸음 수가 상당히 달라졌다. 건강을 위한 성인의 하루 목표 걸음 수는 8,000보라는 사람도 있고 1만 보라는 사람도 있는데, 나는 출퇴근만으로는 3,000보도 걷지 않는 날이 많았다.

이대로는 안 되겠다고 생각하여 생활 습관을 바꿨다. 전철을 탈 때는 도착역보다 하나 먼저 내려서 걷고, 에스컬레이터는 이용하지 않는 등 간단하게 할 수 있는 일을 의식적으로 하는 것만으로도 걸음 수가 상당히 늘었다.

혼자서 이런 목표를 달성하는 것이 어렵다면 여러 사람이 기록을 공유하여 도전하는 애플리케이션 등을 사용하여 동료와 함께 같은 목표를 설정하고 서로 달성도를 체크하는 방법도 있다.

어떤 방법이 되었든 컨디션을 관리하기 위해서는 우선 자신이 어떤 상태인지 눈에 보이도록 기록하는 것을 강력히 추천한다. 자신의 마이너스 상태를 모르면 개선할 수도 없기 때문이다.

자신의 분노 패턴을
파악하라

지금까지 분노가 생기는 방정식과 지뢰를 줄이고 마이너스 감정이나 상태를 줄이기 위해 어떻게 하면 좋은지 알아보았다. 다음으로는 자신의 분노 패턴에 대해 알아보자.

패턴을 알면 분노를 다루기 쉬워지기 때문이다. 자신의 분노 패턴을 아는 방법은 기록이다. 앞에서 소개했듯이 앵거 매니지먼트에는 앵거로그라는 기록 방법이 있다. 앵거란 분노를 가리키고 로그는 기록을 의미한다. 간단히 분노 메모라고 생각하면 된다.

앵거로그는 분노의 감정과 잘 지낼 수 있기 위한 연습 노트다.

뛰어난 운동 선수는 자신이 평소 어떤 실수를 하고 어떻게 개선하고 있는지 그 시행착오를 잊어버리지 않도록 노트에 기록한다. 기록해두면 같은 실수를 반복하지 않게 되기 때문이다. 앵거 매니지먼트는 심리 트레이닝이다. 무엇이든 반복해서 연습하면 좋아진다.

화를 내는 이유는 매번 비슷하다. 그리고 화를 낼 때마다 왜 매번 똑같이 화를 내는지 스스로도 의문스러워한다. 그 이유는 이전의 실패를 잘 활용하지 못했기 때문이다. 화가 났던 상황을 기록해두면 자신이 언제 어디에서 어떻게 화를 내는지 패턴이나 경향을 파악할 수 있고, 어떻게 개선하면 좋을지 알 수 있다.

앵거로그를 남기는 방법의 포인트는 화가 났을 때 그 자리에서 바로 기록하는 것이다. 기록할 내용은 일시, 장소, 일어난 일 정도면 충분하다. 제일 중요한 포인트는 직감적으로 솔직하게 쓰는 것이고, 왜 자신이 화를 냈는지 분석하거나 어떻게 하면 좋을지 해결 대책 같은 것은 전혀 생각하지 않도록 한다. 그 자리에서 원인과 해결책을 생각하지 않아야 하는 이유는 화가 나 있는 순간은 냉정할 때와 비교하여 생각을 정리하거나 옳은 판단을 할 가능성이 낮기 때문이다.

앵거로그는 화가 난 것을 쓰는 일기가 아니다. 일기는 하루를 돌아보면서 그날 있었던 일이나 기분을 쓰는 것이지만 앵거로그는 화를 느낀 순간 그 자리에서 쓴다. 그러므로 일기는 하루에 한 번 기록하지만, 앵거로그는 하루에 화를 낸 횟수만큼 기록한다. 하루에 세 번 화를 냈다면 그날 앵거로그는 세 개가 된다.

앵거로그에 쓴 내용을 되돌아보거나 분석하는 것은 일주일 정도 지나고 여유 시간을 확보한 후에 한다. 앵거로그를 다시 볼 때는 분노 방정식에 대입해보는데, 분노 방정식은 다음과 같다.

분노=지뢰×마이너스 감정, 상태

앵거로그를 살펴보면 자신의 지뢰, 마이너스 감정, 상태를 파악할 수 있다. 예를 들어 'ㅇ월 ㅇ일, 편의점 점원이 일 처리를 이상하게 해서 짜증이 났다'라는 앵거로그를 썼다고 하자. 여기에서 파악할 수 있는 지뢰는 '점원은 일 처리를 잘해야만 한다'는 가치관이다. 눈앞에서 이 가치관에 어긋나는 일이 일어났기 때문에 분노의 불꽃이 튀었다고 판단할 수 있다.

다음으로 그때 있었던 마이너스 감정, 상태를 생각해본다. 그때는 버스를 타기 위해 서둘러야 했고 마음이 초조한 상태였다는 것이 떠올랐다. 그러면 방정식은 이렇게 된다.

분노=점원은 일 처리를 잘해야만 한다×초조함

다른 앵거로그를 살펴보면 '택시 운전사의 불친절한 대답에 화가 났다'고 기록되어 있다. 여기에서도 마찬가지로 지뢰와 마이너스 감정, 상태를 생각해본다. 지뢰는 '운전사는 친절해야만 한다'는 가치관이라고 생각할 수 있다. 마이너스 감정, 상태는 자세히 기억나지 않지만 피곤했기 때문에 택시를 탔을 것이다.

이때의 방정식은 다음과 같다.

분노 = 운전사는 친절해야만 한다×피곤함

이렇게 차례차례 살펴보면 자신이 서비스업이 갖춰야 할 자질에 대한 가치관을 중요하게 여긴다는 사실을 알 수 있다. 그래서 제대로 된 서비스를 받지 못하면 분노를 느끼기 쉬운 경향이 있다는 것이 드러났다.

이렇게 자신의 경향을 파악하고 나면 어떤 상황에서 분노의 불꽃이 쉽게 튀는지 미리 경계할 수 있다. 경계를 하면 반사적으로 화를 내서 실패하는 일을 사전에 막을 수 있다.

마이너스 감정, 상태와 관련해서도 초조하거나 피곤할 때에 쉽게 반응한다는 것을 알게 되면 초조해지지 않기 위해 무엇을 할 수 있을지, 피곤해지지 않기 위해 어떻게 하면 좋은지 해결책을 평소에 생각하여 예방할 수 있다.

이렇게 앵거로그를 남겨두면 자신의 분노 패턴과 경향을 파악할 수 있기 때문에 쓸데없이 짜증이 나거나 필요 이상으로 화를 내는 일을 막을 수 있다.

처음에는 앵거로그가 귀찮게 느껴질지도 모른다. 어떤 일이든 첫걸음을 내딛는 것은 마음이 내키지 않게 마련이다. 분명 처음에는 앵거로그를 남기는 것을 잊어버리기도 하고 화가 났을 때 바로 기록해야 한다는 것을 알면서도 귀찮아서 하지 않는 일도 종종 있다. 다만 조금씩 앵거로그를 남겨가다 보면 습관이 되어 특별히 의식하지 않아도 자연스럽게 기록할 수 있게 된다.

지금은 스마트폰과 애플리케이션을 사용하면 손쉽게 앵거로그를 남길 수 있는 시대다. 물론 아날로그 방식으로 수첩이나 노트에 직접 써도 상관없다. 기록을 남기는 사이에 자신의 패턴, 경향을 알게 되면 기록 자체가 즐거워지므로 완벽하게 기록하려 하지 말고 자신의 페이스에 맞춰 가능한 범위에서 기록을 남겨보자.

화를 낼 필요가 있는 일에는 적
절하게 화를 내고, 화낼 필요가
없는 일에는 화를 내지 않고 지
나칠 수 있어야 한다.

4장

당신의 분노는
무기가 된다

ANGRY

파멸의 무기,
변화의 무기

분노의 감정은 투쟁·도피 반응으로 설명할 수 있다고 1장에서 이야기했다. 투쟁·도피 반응은 과잉 반응, 급성 스트레스 반응 이라고도 부른다. 쉽게 떠올릴 수 있는 급성 스트레스 반응의 예로 불이 났을 때 평소에는 상상도 할 수 없었던 힘을 발휘하는 경우를 들 수 있다. 이 또한 분노의 에너지에서 나오는 반응이다.

분노의 감정에는 좋든 나쁘든 상당히 강한 에너지가 있다. 이것은 당연한 이야기로, 화가 날 때 신체는 긴급 상황에 대비하여 임전 태세를 취하기 때문이다. 투지가 넘쳐흐르고 언제라도 싸울 수 있도록, 혹은 공격을 당해도 타격을 받지 않도록 에너지가 폭발하는 상태가 된다.

분노의 에너지를 어디로 어떻게 향하게 할 것인가에 따라 분노가 자신이 바라는 변화를 만들어내는 무기가 될지, 아니면 파멸시키는 무기가 될지 결정된다. 파멸시키는 무기로 만들어버리는 사람은 분노를 타인, 자신, 사물 중 어딘가에 던진다.

분노가 타인에게 향한다는 것은 상사가 부하 직원을 필요 이상으로 나무라는 일, 부부 싸움에서 서로 심한 말을 하는 일, 상대방에게 일방적으로 계속해서 호통치는 일, 친구 사이에 크게 다툰 일 같은 것이 해당된다. 심각해지면 파워해러스먼트, 모랄 해러스먼트 같은 해러스먼트 행위, 가정 폭력 행위가 된다.

분노가 자신에게 향한다는 것은 분노를 아무에게도 말하지 않고 자신의 마음속에 담아두는 것이다. '그때 말할 걸 그랬어', '그런 말을 듣다니 분해', '그런 식으로 보인다니 너무 슬퍼' 등등 상대에게 자신의 기분을 전달하지 못하고 끙끙 앓으며 마음속으로 분노를 곱씹는다.

이렇게 쌓인 분노는 시간이 지나면서 숙성되어 종종 분노보다 강한 원한으로 성장한다.

분노에 사로잡힌 사람, 원한을 품은 사람이 몸과 마음 모두 건강하지 못한 것은 소설에도 자주 묘사되고, 실제로 우리의 실생활에서도 흔히 볼 수 있다. 물건을 내던져 부수거나 부수지 않더라도 난폭하게 다루고 큰 소리를 내며 문을 닫는 등 분노를 물건에 표출하는 사람도 상당히 많다. 운동 선수 중에서도 이런 사람이 있다. 테니스 선수가 화를 내며 라켓을 땅에 내던지거나 골프 선수가 자신의 실수에 분노를 참지 못하고 골프채를 부러뜨리는 장면을 보기도 한다.

분노가 공격성을 가진 채로 타인이나 자기 자신, 물건을 향하게 되면 그 분노는 파멸적인 결과를 가지고 온다. 자신이 화가 났을 때를 한번 떠올려보자. 사람, 자신, 물건 중 어디로 분노의 화살이 향하는 경우가 많은가?

분노를 어떤 곳으로도 돌리지 않는 사람은 없다. 자신이 어디로 분노를 쉽게 돌리는지 알아두는 것도 분노의 감정과 잘 지내기 위해서는 무척 중요하다.

그렇다면 분노는 어디로 향해야 할까? 어느 쪽으로 분노를 향하게 하는 것이 바람직한지 판단하는 기준을 앵거 매니지먼트에서는 가장 중요한 질문을 의미하는 빅 퀘스천이라고 부른다.

'자신에게, 그리고 주위 사람들에게 있어 장기적으로 봤을 때 건강하다고 할 수 있는가?'

이 질문에는 네 가지 기준이 포함되어 있다.

1. 자신에게 있어

2. 주위 사람들에게 있어

3. 장기적으로 봤을 때

4. 건강한가

이 질문은 뒤에서부터 읽으면 그 의도를 더 알기 쉽다. 우선 '건강한가'의 기준부터 살펴보자. 분노의 방향이 옳은지 확인하는 질문으로 '건강'이 있다는 것은 위화감이 느껴질지도 모른다. '건강한가?'보다도 '생산적인가?'나 '플러스가 되는가?' 또는 '긍정적인가?' 같은 표현이 더 적절하다고 생각하는 사람도 많을 것이다.

참고로 이 빅 퀘스천(Big Question)은 영어식 표현이다. '건강한가?'는 영어 원문에서는 헬시(healthy)이다. 다시 말해 의역한 표현이 아니라 원문 그대로 '건강한'이라는 의미다. 여기에서 말하는 '건강'은 신체의 건강뿐만 아니라 마음의 건강도 포함된다. 몸과 마음이 모두 건강한 것이 중요한 기준이 되는 것이다. 좀 더 말하자면 '평온할 것'이라는 뉘앙스가 많이 포함되어 있다. 이는 무슨 의미일까?

분노는 방어 감정이라고 앞에서 설명했듯이 자신의 몸을 전투 상태로 만드는 감정이다. 분노에 가까운 말로는 투쟁심, 경쟁심, 공격성 같은 표현을 들 수 있다.

분노의 결과 무언가를 지켰다거나 누군가를 이겼다고 해도 마음이 거칠어진 상태가 되거나 후회가 들거나 지쳐버리면 '분노'를 효과적으로 사용하지 못했다고 할 수 있다. 즉 분노의 감정을 통해 무엇을 획득하고 지켜냈을 때 마음이 평온한 것은 매우 중요하다.

다음으로 세 번째 조건인 '장기적으로 봤을 때'에 대해 이야기해보자. 장기적이라고 하면 10년 후인지, 1년 후면 괜찮은지, 아니면 3개월 정도 후를 말하는지 판별하기 어렵다. 사실 이 장기적이라는 말은 구체적인 시간을 가리키지 않는다. 이것은 자신이 생각하는 이상적인 상태가 된 때를 의미한다. 즉 '장기적으로 봤을 때'는 '자신이 생각하는 이상적인 상태가 되었을 때'라고 바꿔 말할 수 있다. 언제 이상적인 상태가 될지는 아무도 모른다. 다만 내일이나 한 달 후는 아닐 것이다. 자신이 설정하는 이상적인 상태가 어떤 것인지에 따라서도 달라지겠지만 이상적인 상태가 되기까지는 나름대로 시간이 걸린다.

앵거 매니지먼트를 처음 시작할 때는 '미라클데이 엑서사이즈(miracleday exercise)'라는 것을 제일 처음 실행하는데, 직역하면 '기적의 날 연습'이 된다. 다시 말해 처음에 안고 있던 문제가 전부 해결된 이상적인 날을 미리 생각하여 앵거 매니지먼트의 목표를 정하는 순서이다. 목표를 설정하면 자신의 지금 위치를 파악하여 목표까지 앞으로 얼마나 남았는지 알 수 있고 앞으로 어떻게 하면 좋은지 생각할 수 있다. 그렇게 이상적인 날과 현재 상황 사이의 간격을 확인하여 한 걸음씩 채워나가는 작업을 해 간다.

이렇게 생각해보면 '장기적으로 봤을 때'와 '건강한가?'는 '자신이 생각하는 이상적인 상태가 되었을 때 평온한 상태로 있을 수 있는가?'라는 의미가 된다. 여기서 '이상적인 상태라면 당연히 평온하지 않을까?'라는 의문이 들 수 있다. 하지만 이상적인 상태가 평온하지 않은 경우도 있다.

분노는 좋든 나쁘든 자신을 지키기 위한 공격성을 내포하고 있는데, 우리는 이상적인 상태를 추구하기 위해 일종의 투쟁을 하게 된다. 권리 주장이나 지위 회복 같은 예를 들 수 있다.

이때 계속해서 투쟁하는 것이 이상적인 상태라고 오해하는 사람이 있다. 차별을 받은 측이 차별이 사라질 때까지 생애에 걸쳐 투쟁하겠다고 생각하는 것은 문제가 없지만, 투쟁 그 자체가 목적이 되어버리면 안 된다. 이것은 수단과 목적을 착각한 경우로 우리도 일상생활 속에서 자주 저지르는 실수다.

차별이 없어지는 이상적인 상태가 실현된다면 평온한 삶이 기다리고 있을 것이다. 그런데 투쟁 기간이 길어져 어느샌가 투쟁 그 자체가 목적으로 변해버리면 이상적인 상태는 계속해서 투쟁하는 것이 되어 결코 평온한 상태에 도달할 수 없게 된다. 더 좋은 인생을 살기 위해서 열심히 공부하여 좋은 대학에 들어가 모두가 부러워하는 직장에 들어갔는데 일이 너무 힘들어서 괴로워한다는 이야기는 주위에서 얼마든지 찾아볼 수 있다. 이상적인 상태가 되는 것은 목적이 아니라 그마저도 평온해지기 위한 수단에 지나지 않는다.

다음으로 '주위 사람들에게 있어'라는 조건은 분노를 활용하여 무언가를 한 결과 그것이 독선적이지 않고 주위 사람들에게도 장기적으로 건강할 것인지를 의미한다.

분노의 감정에 몰려 있을 때 사람들은 무엇보다 자신이 지금 어떻게 하고 싶은지만 생각한다. 분노를 느낄 때는 자신을 지키기 위해 필사적이 된다. 자신을 지키는 것만으로도 벅차기 때문에 나쁜 뜻이 없더라도 다른 사람에게 상처를 주거나 다른 사람은 상관없다는 식으로 행동하기 쉽다. 하지만 그런 상황에 있을 때라도 타인 역시 자신과 마찬가지로 스스로가 소중한 존재라는 것을 배려할 수 있는 독선적이지 않은 자세가 중요하다.

마지막으로, 첫 번째로 언급한 '자신에게 있어'는 분노의 결과 자신이 상처받지 않아야 한다는 말이다.

주위 사람들을 배려하여 본의 아니게 양보만 하다 보면 자신에게 깊은 상처를 남길 뿐이다. 일반적으로 좋은 사람이라고 불리는 사람, 좋은 사람이 되고 싶은 사람일수록 자신을 억누르고 다른 사람에게 양보하는 경향이 있다. 그것은 결코 좋은 일이 아니다. 바로 앞의 이야기와는 반대로 타인에게 권리가 있는 것처럼 자신에게도 권리가 있고 자신을 소중하게 생각하는 것은 당연하다는 생각을 해야 한다.

지금까지 네 가지 기준을 살펴보았는데, 빅 퀘스천의 기준에 이 중 어느 하나도 빠져서는 안 된다. 예를 들어 '자신에게 있어 장기적으로 봤을 때 건강한가?'만을 생각하여 '주변 사람들에게 있어'를 빼버리면 타인은 제쳐두고 자신만 좋으면 되고 자신만 평온해지면 괜찮은 것이 된다. 또 '자신과 주위 사람에게 있어 건강한가?'만을 생각하여 '장기적으로 봤을 때'를 빼버리면 이상적인 상태를 향해 나아가고 있는지 알지 못한 채로 일단 지금 당장 평온하니까 괜찮다고 생각해버리게 되고, 어떤 의미에서 현실적이지 못한 사람이 되어버린다.

분노를 무기로 삼고자 할 때 그것이 무기가 될 수 있는지는 빅 퀘스천의 기준으로 판단해보자.

분노를 무기로 삼는
구체적인 방법

분노가 향해야 할 방향을 배웠다면 분노를 무기로 삼기 위한 구체적인 방법에 대해 알아보자. 분노를 무기로 삼기 위해서는 다음 다섯 가지 포인트를 생각해야만 한다.

1. 분노를 잊지 않을 것
2. 목표가 명확할 것
3. 목표를 향해 매일 해야 할 일을 이해하고 있을 것
4. 매일 실행하기 위한 환경을 갖출 것
5. 빅 퀘스천의 기준에 적합할 것

그럼 사례를 통해 각각의 조건에 대한 구체적인 방법을 살펴보자. 다음 이야기는 실제로 있었던 몇 가지 이야기를 바탕으로 재구성한 것이다.

외곽의 지방 도시에 있는 중견 인쇄회사에서 영업과장으로 일

하고 있는 다키가와 씨(가명, 46세)는 대학 졸업 후 한 번 회사를 옮겨 지금의 회사에서 근무하고 있다. 서른 살이 되는 해에 옮겼기 때문에 지금 회사에서는 약 16년간 근무했다.

페이퍼리스 기록 매체를 종이 문서에서 전자 문서로 변화화여 종이가 없는 사무실을 지향하는 현상 시대가 되면서 인쇄업계는 전망이 좋지 않고 회사가 힘든 상황이라는 것도 이해하고 있다. 영업 실적만을 본다면 칭찬받을 만한 수치가 아니라는 사실을 알고는 있지만 자신 나름대로 일에 진지하게 온 힘을 다해 임하고 있다는 자부심이 있고, 회사도 그렇게 평가해줄 것이라고 믿어 의심치 않았다.

그런데 어느 날 사장실에 불려가 직속 상사와 사장으로부터 조기 퇴직을 권고받았다. 설마 이런 일이 자신에게 일어날 줄은 생각도 못 했기 때문에 말 그대로 청천벽력처럼 느껴졌다.

사장이 조기 퇴직을 권고하는 이유를 구체적으로 설명해줬지만 다키가와 씨는 그 내용이 전혀 머릿속에 들어오지 않았다. 그저 머릿속이 새하얗게 되어 어째서 자신이 이런 상황에 처해야만 하는지 분하고 슬프고 서글픈 감정만 빙글빙글 맴돌 뿐이었다.

나중에 이 상황에 대해 떠올려보니 '분노'의 감정이 가장 강했다는 것을 확실히 알 수 있을 정도였다. 지금까지 자신이 얼마나 회사를 위해서 인생을 바쳐왔는지, 얼마나 열심히 일해왔는지,

회사에 하고 싶은 말이 끊임없이 떠올랐다.

이 이야기에서 다섯 가지 포인트를 살펴보자. 우선 '분노를 잊지 않을 것'이다. 분노를 잊지 않으면 몸속에 분노를 쌓아두게 된다. 분노를 되새겨보는 사이에 '그때도 같은 말을 들었지, 그러고 보니 그전에도 또 다른 때에도⋯⋯' 이렇게 떠올리다 보면 차례차례 분노가 더해져 점점 분노가 커지는 상황이 생기기도 한다.

상사는 자신을 질책해서는 안 된다고 자기 좋을 대로 해석을 해버리며 불만을 갖게 되면, 역시 자신이 틀리지 않았고 상사가 나쁘다고 생각하여 분노가 커지기도 한다. 하지만 그 분노를 잊지 않으면 자신이 원하는 목표로 가는 동기가 된다. 그렇다면 어떻게 해야 적절한 형태로 분노를 잊지 않을 수 있을까?

이때 중요한 점은 분노를 더하지 않는 것이다. 어디까지나 제일 처음 느꼈던 분노만을 기억해두는 것이 중요하고, 나중에 더한 분노는 불필요하다.

이때 3장에서 설명한 앵거로그가 도움이 된다. 앵거로그는 분노를 느낀 그 자리에서 깊이 생각하지 않고 직감적으로 메모하는 것이 옳은 기록 방법이라고 했다. 앵거로그에 기록된 분노는 그 순간의 감정에 무언가를 더하지 않은 순수한 분노다. 앞으로 자신의 인생에서 큰 전환점이 될 법한 분노라면 그 앵거로그를 언제라도 확인할 수 있도록 가지고 다닌다. 다시 볼 때마다 그때의 마음이 떠오를 것이다.

다키가와 씨는 사장실에서 조기 퇴직을 권고받은 사실이 너무나 갑작스럽게 느껴져 그 자리에서 앵거로그를 작성하지 못했다. 다만 사장실을 나와 자신의 자리로 돌아온 후에 이번 일은 꼭 기록으로 남겨둬야만 한다고 생각하여 앵거로그를 작성했다.

다키가와 씨가 그때 작성한 앵거로그는 다음과 같다.

○월 ×일 14시 사장과 상사에게 조기 퇴직을 권고받았다. 화가 머리끝까지 치솟았다.

분노를 잊어버리지 않는다는 것은 단순히 잊지 않는 상태가 아니라 정확하게 기억하는 것이다.

다키가와 씨는 이 앵거로그를 무슨 일이 있을 때마다 다시 들여다보았다. 하지만 그때마다 상사에게 이전에 들었던 말이나 자신에 대한 회사의 저평가 등 자신의 분노를 정당화하기 위한 정보만 덧붙이면서 사실이 왜곡되었다. 이런 일이 반복되면 자신과 주위 사람들에게 있어 건강한 선택을 하지 못하고 분노를 무기로 삼을 수 없게 된다.

명확한 목표를
잡아라

다음으로 분노를 무기로 삼아 향해야 할 방향인 '목표를 명확하게 한다'에 대해 살펴보겠다.

분노를 무기로 삼았다면 무엇을 달성하고 싶은지 목표를 명확하게 한다. 목표는 앞에서 이야기한 '미라클데이 엑서사이즈'로 설정한다. 미라클데이 엑서사이즈는 앵거 매니지먼트를 하면서 안고 있던 문제가 전부 해결된 이상적인 날을 그려보는 것, 다시 말해 목표를 정하는 것이다.

미라클데이 엑서사이즈를 할 때는 우선 아무런 제한 없이 이상적인 날을 상상해본다. 아무런 제한을 하지 않는다고 해도 마음속에서는 '어차피 안 될 거야, 그렇게 생각하는 건 지나친 욕심일지도 몰라' 같은 생각이 들기 때문에 결국 현실적인 목표가 되기 쉽다.

하지만 미라클데이는 기적의 날, 자신이 상상하는 이상적인 날을 의미하므로 마음껏 자유롭게 상상해보는 것이 좋다. 미라클데이 엑서사이즈는 스스로에게 질문하고 스스로 답하는 방식이다.

실제로 다음 질문에 한번 답해보자.

아침에 일어났더니 자신이 생각하던 이상적인 날이 되어 있다. 그날은 분노를 마음 든든한 무기로 삼아 여러 가지 문제가 해결된 날이다.

- 아침에 일어났을 때 제일 처음 한 말은 무엇인가?
- 무엇이 변했다고 느껴지는가?
- 누가 처음으로 자신에게 말을 걸었나?
- 그 말은 어떤 말일까?
- 자신의 어떤 말과 행동에서 주변 사람들은 무엇이 변했다고 생각할까?

이런 질문을 해가면서 자신에게 기적의 날이 어떤 것인지 생각한다. 기적의 날을 상상했다면 다음 질문에 대해 생각해보자.

- 기적의 날을 10단계 평가의 10점이라고 한다면 오늘은 몇 점인가?
- 최근 1년(6개월, 3개월도 가능)을 돌아봤을 때 기적의 날에 가장 가까웠던 날은 언제였는가?
- 그날은 무엇을 한 날이었는가?

• 그날은 누구와 있었고, 어떤 대화를 했는가?

기적의 날은 아직 경험해보지 않은 날이다. 하지만 기적의 날에 가까웠던 날은 분명 있을 것이다. 그날을 재현할 수 있다면 기적의 날에 상당히 가까워진다. 또 이렇게 질문을 해서 오늘이 6점 정도의 날이었다면 1점 더 기적의 날에 가까워지기 위해서 무엇을 하면 좋은지, 무엇이 있으면 좋을지 등 기적의 날에 가까워지기 위한 방법을 쉽게 생각할 수 있다. 여기까지는 아무런 제한을 하지 않고 자신이 향하고 싶은 목표를 그려본다.

우리는 늘 마음 어딘가에 자신에게 브레이크를 걸고 있기 때문에 제한 없이 자유롭게 생각하는 일은 의외로 상당히 어렵게 느껴질 것이다. 현실적으로 어느 정도 그 기적의 날이 실현 가능할지는 다음 단계에서 생각할 일이므로 우선은 조건을 붙이지 말고 목표를 생각한다.

다키가와 씨에게 이 미라클데이 엑서사이즈는 넘기 힘든 벽이었다. 왜냐하면 자신이 어디를 향하면 좋을지 전혀 감을 잡을 수 없었기 때문이었다.

처음에는 그저 회사에 복수하고 싶다, 회사에 자신이 중요하다는 것을 알려주고 싶다, 사장과 상사가 얼마나 잘못된 생각을 하고 있는지 알려주고 싶다, 같은 복수심이라 말할 수 있는 감정 밖에 떠오르지 않았다. 하지만 그것이 정말로 자신이 원하는 목표일지, 원한을 갚으면 이상적인 상태가 될 것인지에 대해서는 확신하지 못했다.

다키가와 씨가 미라클데이 엑서사이즈를 해본 결과는 다음과 같았다.

Q : 아침에 일어났을 때 제일 처음 한 말은 무엇인가?

A : 아, 오늘도 정말 좋은 날이구나.

Q : 무엇이 변했다고 느껴지는가?

A : 아침에 일찍 일어나고 싶은 기분이 생겼다.

Q : 누가 처음으로 자신에게 말을 걸었나?

A : 아내.

Q : 그 말은 어떤 말일까?

A : 오늘도 아침부터 기분 좋아 보이네.

Q : 자신의 어떤 말과 행동에서 무엇이 변했다고 주변 사람들은 생각할까?

A : 인사. 오늘 하루 무엇을 하고 싶은지 즐겁게 이야기하는 모습에서 이 사람이 정말로 인생을 즐기고 있구나 생각한다.

Q : 기적의 날을 10점 만점이라고 한다면 오늘은 몇 점인가?

A : 3점 정도.

Q : 최근 1년(6개월, 3개월도 가능)을 돌아봤을 때 기적의 날에 가장 가까웠던 날은 언제였는가?

A : ◎월 ◎일.

Q : 그날은 무엇을 한 날이었는가?

A : 마을 봉사 활동으로 청소를 했다.

Q : 그날은 누구와 있었고, 어떤 대화를 했는가?

A : 아내와 이웃 사람들과 있었고, 우리 동네가 정말 살기 좋은 동네라는 이야기를 했다.

이렇게 생각하다 보니 다키가와 씨는 무언가를 깨달았다. 노동 자체는 괴로운 것이 아니라는 점과 함께 일하는 사람과 대화하고 감사하는 마음을 나누며 자신의 행동이 세상에 도움이 된다는 느낌이 드는 것이야말로 무엇보다도 자신에게 의미가 있다는 사실이었다. 또한 지금 회사에 무슨 일이 있어도 남고 싶었던 건 아니고, 그렇다고 절대로 그만두고 싶은 것도 아니었기에 자신에게 회사 자체는 크게 상관없다는 사실도 알게 되었다.

이상적인 목표에
필요한 것

그렇다면 다음으로 목표에 대해 다른 시점에서 생각해보자. 여기서 생각할 것은 다음 세 가지 키워드이다.

1. Want (하고 싶은가?)
2. Can (할 수 있는가?)
3. Must (꼭 해야만 하는가?)

우선은 이 목표가 정말로 자신이 달성하고 싶은 것인지 생각한다. 즉 'Want(하고 싶은가?)'이다. 자신이 설정한 목표이므로 당연히 자신이 하고 싶다고 결정한 것으로 믿어서는 안 된다.

우리는 실제로 많은 것에 대해 자신의 감정보다도 세상의 가치관을 우선하여 행동한다. 누구나 가고 싶어 하는 기업에 취직하고 싶다, 잡지에 소개된 양복을 입고 싶다, 명품을 소유하고 싶다 같은 바람은 종종 마음 깊이 원하는 것이 아니라 세상의 시선을 의식하기 때문에 분명 좋은 것이라고 착각하고 있는 것

뿐이다.

사회적인 가치가 없어지더라도 하고 싶은 일이 자신이 정말로 하고 싶은 것, 목표로 삼고 싶은 일이다. 누군가에게 '대체 그 일에 무슨 가치가 있어?'라는 질문을 받는다고 하더라도 '왜 저렇게 예의 없는 말을 하지?'라며 화가 나는 것이 아니라 자신 있게 '나에게는 의미가 있다'고 말할 수 있는 일이야말로 진심으로 하고 싶은 일이다.

가치라고 하면 대부분 우리는 경제적인 가치를 떠올리기 쉽다. 그렇기 때문에 여기서는 가치가 있는 것이 아닌 자신에게 '의미'가 있는지 생각해보는 것이 중요하다. 아무도 이해해주지 않더라도 적어도 자신에게는 의미가 있기 때문에 하는 일이라면 그것은 정말로 자신이 하고 싶은 일이라고 말할 수 있다.

반면 사회에서 평가받지 못하고 아무도 이해해주지 않는다고 그만두는 일이라면 실제로는 정말로 하고 싶은 일이 아니라고 할 수 있다. 다키가와 씨의 경우 회사에 자신의 가치를 알리는 것이 정말로 하고 싶은 일이라는 생각은 들지 않았다. 정말로 하고 싶었던 일은 다른 사람들에게 감사받을 만한 일, 사회에 도움이 된다는 것을 직접 느낄 수 있는 일이었다. 또한 이 회사가 아니라 어디에서 일한다 해도 자신은 자유롭고 만족할 수 있다고 증명하고 싶은 기분도 들었다.

다음으로 'Can(할 수 있는가?)'을 생각한다.

미라클데이 엑서사이즈에서는 자신이 할 수 있는지에 대해서는 전혀 생각하지 않고 목표를 떠올려보았다. 이번에는 그 목표가 과연 어느 정도 실현성이 있는지를 생각한다. 미라클데이 엑서사이즈에서 생각을 뒤집어 현실적으로 생각하는 것이다. 이 지점에서 '처음부터 실현 가능한 이상만을 생각하면 되지 않나?'라는 의문이 생길 수도 있다.

목표를 기적적인 것으로 삼는 것과 현실적인 것으로 삼는 것은 뛰어넘을 벽의 높이와 목표까지 가는 길이 전혀 다르다. 굳이 그런 기적적인 목표를 설정하는 이유는 사람은 설정한 목표보다도 높은 곳에 가지 못하기 때문이다. 가령 기적적인 날의 목표를 10단계의 10으로 하고 실현 가능한 목표를 10단계의 5라고 하자. 처음부터 10단계 중 5면 충분하다고 생각해버리면 많은 사람은 그 5에 도달할 만큼만 노력한다.

반면 스스로 도달할 수 있을지 알 수 없는 목표가 10이라면 처음부터 전력으로 목표를 향해 간다. 전력으로 임해도 도달 여부를 알 수 없기 때문에 한시도 힘을 뺄 수 없다. 그렇기 때문에 처음에는 굳이 제한이나 조건을 걸지 않고 이상적인 목표를 생각하는 것이다. 그러면 자신이 할 수 있는 일인지 어떻게 판단하면 될까? 극단적인 예를 들어보면 사람이 날씨를 바꿀 수는 없다. 반면 이산화탄소 배출량을 줄여 온난화의 속도를 늦출 수는 있고, 실제로 전 세계적으로 이를 위한 다양한 활동이 진행되고 있다. 이런 접근 방식이라면 언뜻 보기에 날씨같이 사람의 능력으로는 바꿀 수 없을 것 같은 일이라고 해도 바꿀 수 있다고 말할 수 있지 않을까. 무엇을 바꾸려고 하는가, 무엇이 가능한가를 생각하면 가능한 것의 선택지는 굉장히 많아진다.

또 사람에게는 각기 잘하는 일과 못하는 일이 있다. 잘하는 일이니까 할 수 있고 반대로 잘하지 못하는 일은 할 수 없다고 생각할 필요도 없다. 전부 혼자서 하려고 생각하지 말고 역할을 바꾸면 된다. 예를 들어 전하고 싶은 메시지를 문장으로는 잘 쓰지만 사람들 앞에서 이야기하는 것은 서툴다면 글은 자신이 쓰고 대신 사람들 앞에서 연설해줄 사람을 찾으면 된다. 다른 사람과 교섭은 잘하지만 냉정하게 일을 분석하는 분야는 서투르다면 분석은 다른 사람에게 맡기고 자신은 교섭 역할에만 집중할 수도 있다.

다키가와 씨는 자신이 참여할 수 있는 범위에서 가능한 일이 있을 것이라 판단했다. 지금 회사에서는 실현할 수 없다고 해도 봉사 활동에 조금 더 적극적으로 참가할 수 있다면 어느 정도 수입이 줄더라도 지금보다는 이상적인 상태가 될 수 있을 거라고 생각한 것이다.

마지막으로 'Must(꼭 해야만 하는가?)'이다.

아무리 목표를 달성하고 싶어도 '어떤 일이 있어도 반드시 하겠다'는 마음이 없으면 목표를 달성하기가 어렵다. 어렵다기보다도 애초에 그 목표까지 갈 필요성을 강하게 느끼지 않기 때문에 목표를 달성하려고 하지 않는다.

목표를 향해 가는 절박한 이유가 있는 것과 없는 것의 차이는 상당히 크다. 그 절박함을 느끼게 해주는 것은 통증이다. 반드시 해야만 하는 일, 할 수밖에 없는 일에 대해서는 어떤 형태의 통증을 느낀다. 통증은 사람을 움직이는 큰 동기며 에너지가 된다. 통증이 있으면 그 통증을 어떻게든 완화하려고 애쓰거나 통증에서 도망치려고 한다. 이것은 앞에서도 이야기했다.

목표를 향해 가지 않을 때 통증을 그다지 느끼지 않는다면 반드시 해야 할 일이 아니다. 반대로 목표를 향해 가지 않는 상태가 너무 아파서 도저히 그대로 방치해둘 수 없다고 느낀다면 그것이야말로 꼭 해야 할 일이다.

다키가와 씨는 이제 젊지도 않고 경력의 전환점도 한참 지났기 때문에 새롭게 자신의 인생을 생각하지 않으면 나중에 후회할 것이 틀림없다고 생각했다.

Want, Can, Must. 이 세 가지가 모였을 때 목표에 쉽게 도달할 수 있다. 어느 것 하나라도 빠진다면 목표에 도달하기 힘들다. 예를 들어 Want와 Can은 있는데 Must가 없는 경우라면 하고 싶다고 생각하고 할 수는 있지만 굳이 꼭 해야 한다고 생각하지는 않는 상태다. 이 경우 그 일을 하지 않게 되거나 처음 한 걸음을 내딛는데 상당한 에너지가 필요하다.

또 Can과 Must는 있지만 Want가 없는 경우는 할 수 있고 꼭 해야만 한다고 생각하지만 하고 싶은 생각이 들지 않는 상태다. 이 경우는 하고 싶지 않은데 무리해서 해야만 하는 상태다. 바꿔 말하면 싫어하면서 억지로 꾸역꾸역하는 상황이기 때문에 집중력이 떨어져 일이 제대로 진행되지 않고, 그 결과 목표에 도달하기 어려워진다.

이상적인 목표로
가는 길

목표가 정해지면 다음은 목표 지점까지 어떻게 갈지 생각한다. 목표를 향해 가기 위해 고려해야 할 조건은 다음 세 가지다.

1. 거리
2. 시간
3. 경로

우선 지도에 목적지를 설정하여 내비게이션을 켜는 것처럼 목적지까지의 거리와 시간을 추측하는 것부터 시작한다. 거리와 시간을 추측해보기 위해서는 경로를 선택하고 그 경로가 맞는지를 확인해야 하는데, 이 경우 거리는 목표와 현재 상태 사이의 차이를 가리킨다.

미라클데이 엑서사이즈의 질문에도 있었지만, 이상적인 날을 10단계 평가의 10이라고 한다면 지금은 10단계 중 어느 단계에 있는지를 생각한다. 가령 지금이 10단계 중 5단계라고 하면 그 차이를 좁히기 위해 시간이 얼마나 걸릴지를 추측해본다. 5단계에서부터 10단계까지 균등한 속도로 갈 수 있을까? 아니면 5단계부터 7단계까지는 비교적 쉽게 갈 수 있지만 그 후 7단계부터 10단계 사이는 시간이 걸리는 경우도 있을 수 있다.

다이어트를 떠올리면 상상하기 쉽다. 예를 들어 몸무게 5킬로그램을 줄이는 것이 목표라고 해보자. 초반에는 체중이 쉽게 빠지기 때문에 그런 속도로 간다면 목표 달성은 간단한 일처럼 느껴질 것이다. 하지만 남은 2킬로그램에서부터는 식사량을 줄이고 운동량을 늘려도 체중은 지금까지와는 달리 줄어드는 속도가 느려진다. 속도가 느려진다면 그나마 괜찮은데 전혀 체중이 줄지 않는 정체기에 들어서기도 한다.

목표 그 자체나 목표에 도달할 날까지의 시간을 느슨하게 잡아버리면 일이 생각보다 순조롭게 진행되지 않아서 후회하게 될수도 있다. 목표를 이루기까지의 기간을 어떻게 잡느냐에 따라 매일의 행동이 변하고 마음이 흔들리지 않는 상태로 하루하루를 보낼 수있다. 그렇지 않으면 도중에 마음이 꺾여버리는 등 정신적인 면에도 큰 영향을 준다.

그렇다면 하루의 행동은 대체 무엇을 말하는 것일까? 매일실천하는 일은 전혀 거창하거나 어려운 일이 아니다. 이상적인목표를 하루아침에 이룰 수는 없지만 매일의 일이 쌓여서 이루어지기 때문에 오히려 간단하게 할 수 있는지가 제일 중요한 포인트가 된다.

다키가와 씨의 경우 당장 회사에 남을지 그만둘지 바로 결정할 수 없었다. 결정할 수 없다기보다 목표에 대해 생각하다 보니 그 자체가 문제가 아니라는 것을 깨달은 것이다. 자신이 원하는 일의 방식을 실현하기 위해서는 회사에 남아도 상관없고 그만둬도 상관없으며 그 사실을 증명하고 싶다는 생각마저 들었다.

만약 회사에 남는다고 하면 이전보다 마음은 상당히 불편해질 것이다. 어쩌면 중요하지 않은 직무로 이동하게 될지도 모르고 회사의 괴롭힘이 심해질 수도 있다. 하지만 지금까지와는 달리 회사를 위해서가 아니라 자신을 위해서 일하겠다고 사고방식을 바꿀 생각이었으므로 깔끔하게 정시에 퇴근하여 지역 봉사 활동에 시간을 들이는 것이 좋겠다고 판단했다.

이 선택이라면 거리, 시간, 경로는 비교적 명확하다. 자신의 환경은 크게 변하지 않기 때문에 단순히 회사에 대한 자신의 자세를 바꾸기만 하면 된다. 회사에서 어떻게 생각하든 자신이 중요하다고 생각하는 가치관을 최우선으로 하여 일한다. 그리고 자신이 의미를 찾을 수 있는 봉사 활동에 적극적으로 참여하는 등 구체적으로 행동하는 것이다.

반면 회사를 그만두고 다른 일을 구한다고 하면 거리, 시간,

경로가 상당히 험난해질 것이다. 46세라는 나이로 전문적인 지식이나 기술이 없으면 이직을 하는 데 난항을 겪을 수밖에 없다. 만약 퇴직을 결심했다면 실업 급여가 지급되는 기간 동안 다음 일을 찾아야 한다. 다음 직장을 찾을 수 있다는 보장도 없다. 하지만 지금 회사를 다니면서 다른 회사를 알아보는 것은 확실했다. 그렇다면 구직 센터에 다니거나 지인에게 소개받는 등의 선택지를 생각해볼 수 있다.

마음의 벽을
낮추는 루틴

앞에서는 이상적인 목표를 향해 가기 위해 무엇을 해야만 하는지 설명했다. 다음은 그 과정을 막힘없이 실행할 수 있는가의 문제다.

사람은 의지가 약한 생물이다. 한 번 정했다고 해도 여러 가지 유혹을 이기지 못하고 스스로 변명을 만들기도 하는 등 계획이 순조롭게 진행되지 않는 일은 일상 속에서 아주 흔하다.

어떻게 하면 매일 생각하지 않아도 자신의 약한 의지에 지지 않고 해야 할 일을 해내는 환경을 갖출 수 있을까?

반대로 말하면 자신이 저항에 부딪히지 않는 계획을 세우면 매일 쉽게 목표에 한 걸음씩 착실히 가까워질 수 있다. 그 방법은 두 가지가 있다.

1. 루틴으로 만든다.
2. 동료를 구한다.

루틴은 생각하지 않아도 자동적으로 같은 행동을 할 수 있도록 습관을 들이는 것이다.

다키가와 씨의 경우로 말하면 봉사 활동에 참가하는 날짜를 정해서 다른 사람들에게 알리는 방법이 있다. 이렇게 자신뿐만이 아니라 주위 사람에게도 봉사 활동에 참가하는 것을 인식시킨다. 그러면 일이 다소 바쁘거나 다른 용건이 생겼다고 해도 상관없이 그 장소에 가게 된다. 거기에 더해 그날에 반드시 할 일을 생각하지 않아도 알 수 있게 스케줄을 관리한다. 스마트폰에 알람을 설정해두면 봉사 활동 시간을 잊어버리지 않는다. 다만 루틴으로 만들 때는 계획이 무척 간단하고 알기 쉽도록 나뉘어 있어야 한다. 말하자면 심리적인 벽을 얼마만큼 낮출 수 있는지가 관건이다. 해야 할 일들이 하나하나 어렵고 벽이 높으면 아무리 그 시간이 되어도 시작할 마음이 생기지 않기 때문이다.

다키가와 씨가 하는 봉사 활동의 경우, 가기 귀찮아질 정도로 어려운 일보다는 평소에도 가볍게 할 수 있는 정도로 조절하는 것도 한 방법이다. 다른 회사를 알아보는 건 하루에 한 곳으로 정해두고 이력서를 내는 등의 방법을 생각할 수 있다. 갑자기 아등바등 회사를 옮기려고 하면 해야 할 일이 너무 많아서 귀찮아질 수 있지만 이력서를 내는 정도는 비교적 쉽게 할 수 있다.

두 번째의 '동료를 구한다'는 문자 그대로 누군가와 함께하는 것이다. 동료라고 해서 반드시 같은 목표를 가지고 있는 사람일 필요는 없다. 단순히 매일 서로 각자의 목표를 향해 얼마만큼 실천했는지 확인하는 것만으로 충분하다. 서로에게 진행 상황을 보고하기로 정해두면 혼자 묵묵히 진행하는 것보다도 책임감이 생겨서 매일 실천하기가 훨씬 쉬워진다. 또 혼자 하면 아무래도 의욕이 꺾이는 날이 오게 마련이지만 동료가 있다면 그런 때에도 격려가 된다. 반대로 상대를 격려해주면 결과적으로 자신도 열심히 하고 싶은 생각이 든다.

다키가와 씨와 같은 상황에 놓인 사람은 요즘 시대에 흔한 편이다. 같은 어려움을 이겨내려는 사람들, 자기만의 생활 방식과 행복을 찾으려고 노력하고 있는 사람은 분명 찾을 수 있다.

그런 사람이 가까이 있지 않아도 유튜브나 SNS에서 다양한 사람을 찾아보는 것도 하나의 방법이다. 유튜브라고 하면 독특하거나 재미있는 콘텐츠만 다룬다고 생각하지만 특별하지 않은 자신의 일상을 올리는 사람도 있다. 봉사 활동에 열심히 참여하는 사람, 열심히 구직 활동을 하고 있는 사람의 영상도 찾을 수 있을 것이며, 그런 사람들이 있다는 걸 아는 것만으로도 큰 격려가 된다.

빅 퀘스천의
기준에 맞춰라

마지막으로 지금까지 생각한 내용이 빅 퀘스천의 기준에 맞는지 확인하는 단계다.

아무리 자신이 느낀 분노를 무기로 삼아 어떤 목표를 달성하려고 한다고 해도 결국 자신의 기준에서 주위 사람이 행복해지는 데 기여하지 않는다면 분노를 무기로 삼을 수 없다.

다키가와 씨의 경우 회사에 피해를 주거나 도움이 되지 않을 일을 벌이거나 회사의 규정에 반하는 등의 행동을 한다면 결코 건강하다고 말할 수 없다.

봉사 활동을 통해 자신의 이상적인 목표를 향해 노력한다면 우선 자신의 몸과 마음 모두 건강해질 것이고 그 결과 주위 사람에게도 좋은 영향을 줄 수 있다.

혹은 사회의 시선과 관계없이 마음으로부터 의미가 있다고 생각되는 일을 찾아낸다면 지금 회사에 대한 분노는 아무것도 아닌 것처럼 느껴질 것이다.

이렇듯 빅 퀘스천의 기준은 분노를 무기로 삼는 경우에 늘 생각해야 한다.

지금 목표로 하고 있는 일, 실천하는 일이 정말로 자신과 주위 사람들에게 있어 장기적으로 봤을 때 건강한지 스스로에게 끊임없이 물어보는 자세가 필요하다.

사적인 분노와
공적인 분노

분노는 크게 사적인 분노(이하 사분)와 공적인 분노(이하 공분)로 나눌 수 있다. 사분은 '개인적인 일에서 일어나는 분노'이고 공분은 '공공의 정의를 위해 느끼는 분노'다.

사분과 공분 모두 분노다. 어느 쪽이 가치가 있고 다른 쪽은 가치가 없는 것이 아니다.

다른 점이라면 사분은 개인적으로 무언가를 달성하기 위한 무기가 되는 데 비해 공분은 사회를 바꾸기 위한 무기가 된다. 그런 의미에서 본다면 공분의 힘이 조금 더 크다고 말할 수 있다.

사분이 개인에게 긍정적으로 작용하면 의미 있는 목표를 달성하거나 더 좋은 미래를 만들 수 있다. 예를 들어 운동선수가 시합에서 져서 분한 기분을 느끼고 다음 시합을 향해 연습을 지속하는 것은 사분이다. 이 분노를 타인이나 자신에게 던지지 않고 시합을 이기기 위한 에너지로 사용한다면 그것은 상당히 발전적인 분노의 사용법이라고 할 수 있다. 좋든 나쁘든 패배 후에 분한 기분을 느끼지 않는다거나 목표를 그다지 달성하고 싶다는 생각이 들지 않는 선수는 발전적인 방향으로 나아가지 못한다.

운동선수가 분노를 지나치게 느끼면 퍼포먼스가 저하되어 성적이 안 나오게 되지만 분노를 자신의 편으로 만든다면 그만큼 든든한 감정은 없다. 운동선수가 아니더라도 자신이 놓인 상황이 한심하게 느껴져 화가 나는 사람은 많을 것이다.

자신에게 화가 났다고 해도 스스로를 탓하지 않고 자격증을 따거나 경력을 쌓는 일에 도전한다면 그것도 사분을 긍정적인 방향으로 살리는 것이라고 말할 수 있다. 만약 '나는 왜 이렇게 쓸모없을까, 이제 뭘 해도 소용없어'라고 의기소침해하며 마음이 비뚤어지면 사분은 부정적인 방향을 향해 어떤 의미도 가치도 만들어내지 못하는 상태가 된다.

공분을 건설적인 방향으로 살릴 때는 사회에 다방면으로 좋은 변화가 생긴다. 예를 들어 역사적으로 몇 번이고 일어난 반전 운동은 전쟁에 대한 민중의 분노가 많은 사람을 일으켜 세워 실제로 전쟁의 종결을 얻어낸 힘이 되었다. 베트남 전쟁 당시 미국에서는 대규모 반전 집회가 여러 번 열렸다. 걸프 전쟁 때도, 이라크 전쟁 때도 전쟁에 대한 분노로 대규모 반전 운동이 일어났다. 이것은 공분이 사회 속에서 긍정적으로 작용한 좋은 사례다.

반면 공분이 사회에 부정적인 영향을 주는 경우도 있다. 앞에서 공분으로 반전 운동이 일어났다고 이야기했는데 반대로 공분 때문에 전쟁이 일어나기도 한다. 제2차 세계대전은 1939년 독일의 폴란드 침공에서 시작되었다. 독일을 전쟁으로 몰아세운 것은 악명 높은 국가사회주의 독일 노동자당, 통칭 나치스였다. 나치스가 탄생한 배경에는 분명 불황으로 실업자가 증가하던 당시 독일 국민의 공분이 숨어 있었을 것이다.

공적인
분노의 조건

자신의 개인적인 분노를 사회적인 분노로 바꿀 수만 있다면 이보다 마음 든든한 일은 없을 것이다. 개인적인 분노를 사회적인 분노로 승화하여 자신이 이루고자 하는 목표를 위해 사회가 도와주기 때문에 상당히 강력한 무기를 손에 쥐게 되었다고 할 수 있다.

사분이 공분으로 바뀌면 혼자 행동하는 것과는 비교도 할 수 없는 일을 해낼 수 있다. 전 세계에서 지금까지 일어난 혁명은 개인적인 분노, 사분에서 시작하여 공분으로 모습이 바뀌면서 믿을 수 없는 커다란 변화를 만들어왔다.

지금부터는 어떻게 하면 사분을 공분으로 바꿀 수 있을지, 혹은 어떤 조건이 갖춰지면 사분이 공분이 되는지 살펴보겠다.

사분이 공분으로 변하기 위해 필요한 조건은 다음 세 가지이다.

1. 정의
2. 공감
3. 시대성

첫 번째,
정의

우선 첫 번째 조건인 '정의'에 대해 이야기해보자.

여기서 말하는 정의란 도덕, 윤리 같은 것을 포함한다. 간단하게 말하자면 어떤 것이 사회적으로 볼 때 올바른가, 인간적인가를 먼저 생각하는 것이다.

공분은 많은 사람들이 정의를 느끼지 않는다면 성립하지 않는다. 사분은 많은 사람들이 정의라고 생각하지 않아도 적어도 자신에게는 옳은 일이기 때문에 나타나는 개인적인 분노다. 만약 많은 사람이 정의를 느끼지 못한다면 공분이 되지 못한다.

그렇다면 공분이 되는 정의란 대체 무엇일까? 이 정의에 대해 알고 있다면 이야기는 쉬울 것 같지만 사실 그렇게 간단하지만은 않다. 정의는 시대와 입장에 따라 다양하기 때문이다.

정의란 무엇인가를 생각할 때 자주 제시되는 사례로 '트롤리 딜레마'가 있다. 이미 알고 있는 분들도 있겠지만, 이번 기회에 다시 한번 살펴보겠다.

브레이크가 고장 난 트롤리가 눈앞을 달리고 있다. 선로 위에는 5명의 인부가 일을 하고 있다. 그들은 브레이크가 고장 난 트롤리가 자신들을 향해 달려오고 있다는 사실을 알지 못한다. 이대로 그냥 둔다면 5명 모두 죽게 될 것이다.

눈앞에 선로 변환기가 있고 만약 선로를 변환하면 트롤리가 달리는 방향이 바뀔 것이다. 다만 그쪽 선로에는 인부 1명이 작업을 하고 있고 선로를 변환하면 1명이 죽게 될 것이다.

당신은 5명을 살릴 것인가, 1명을 살릴 것인가.

이것이 트롤리 딜레마이다. 소리를 질러 인부들에게 위험을 알릴 수는 없다. 트롤리가 자연스럽게 멈출 수도 없다. 이 상황을 간단히 설명하자면 5명을 살리기 위해 1명을 희생해도 좋은가를 판단하는 문제다.

대부분의 사람은 1명보다도 5명을 살리는 편이 좋을 것이라고 생각한다. 반드시 한쪽의 생명을 살려야 한다면 많이 살릴 수 있는 쪽이 좋다고 생각하는 것은 합리적으로 보인다. 나도 5명을 살리는 쪽이 좋다고 대답했다.

그런데 여기에 조건을 하나 추가해보겠다. 그 조건은 다음과 같다.

1명만 있는 선로 위의 인부는 자신의 소중한 가족이다.

과연 이번에는 어떤 선택을 할 것인가?

앞에서 말한 것과 마찬가지로 5명을 구하는 것이 옳다고 단언할 수 있는 사람은 상당히 줄어들 것이다. 실제로 한 조사에서는 처음 문제에서 5명을 구한다고 해놓고, 조건이 추가되자 1명을 구한다고 대답을 바꾼 사람이 약 50퍼센트 정도였다고 한다.

사람이 무엇이 옳은지 판단할 때 무엇이 도덕적, 논리적인지는 조건을 조금만 바꾸면 기준이 완전히 달라져버린다.

내가 이 책의 원고를 쓰고 있을 때는 다름 아닌 코로나 19 바이러스가 한창 확산되고 있던 때였다. 도쿄, 오사카 같은 대도시에서 시작된 외출 자제 요청은 정부가 긴급 사태 선언을 하면서 일본 전국에서 실시되었다. 사회 전체가 바로 이 트롤리 딜레마에 빠진 것과 마찬가지인 상황이다.

한쪽에서는 감염 확산 방지를 위해 모든 사람이 외출을 금지하는 것이 옳다고 말한다. 이 사람들은 그래야만 많은 생명을 구할 수 있다고 주장한다. 또 다른 쪽에서는 그렇게 했다가는 경제가 죽어버려 많은 사람이 거리에 나앉게 될 것이라고 말한다. 결국 바이러스가 아닌 경제적 사정에 더 많은 사람의 생명이 빼앗기게 될 것이라는 주장이었다.

바이러스로 사람이 죽을 것인가, 경제로 사람이 죽을 것인가. 그 갈림길 앞에 지금 인류가 서 있다. 여기에서는 어느 쪽이 옳은지에 대한 논의는 하지 않겠다. 사회를 구성하는 모든 사람이 받아들이는 정의는 존재하지 않는다. 누군가가 옳다고 하는 일에 반대하는 사람은 언제나 나오기 때문이다.

이런 의미에서 보면 정의는 다수결이 아니기 때문에 사회의 대다수와 같은 정의에 동의할 필요는 없다. 다만 적어도 자신 이외에 어느 정도의 사람이 동의하지 않는다면 그 정의는 정의로 인지되지 못한다.

수의 논리라는 정치 용어가 있다. 이것은 일본인 정치가 다나카 가쿠에이가 '정치는 머릿수이고, 머릿수는 힘이고, 힘은 돈이다'라고 한 말에서 유래했다. 다수자가 소수자의 의견을 듣지 않고 눌러버린다는 의미이다.

정의가 힘을 얻기 위해서는 때로는 머릿수가 필요하다. 정의는 다수결로 결정할 수 없다고 이야기했지만 사분을 공분으로 바꿀 때에는 자신의 정의가 사회 속에서 다수파인지, 아니면 소수파인지를 객관적으로 이해할 필요가 있다. 이것을 이해하지 못하면 아무리 정의라고 외친다 해도 아무도 관심을 두지 않기 때문이다.

코로나 19 바이러스가 확산되는 가운데 일본에는 자숙경찰(自肅警察)이라는 신조어가 생겨났다. 긴급 사태 선언이 내려지고 자숙해야만 하는 상황에서 영업을 하는 가게에 '자숙하라'는 종이를 붙이거나 장난 전화를 거는 등의 행위를 하는 사람들을 가리키는 말이다. 혹은 다른 지방의 자동차 번호판을 단 자동차가 있으면 보복 운전을 하거나 차량에 흠집을 내거나 낙서를 하는 등 그 행위는 이루 말할 수 없이 비열했다. 다만 자숙경찰을 하는 사람들은 스스로 정의라고 믿어 의심치 않는다. 영업을 계속하거나 다른 지방으로 이동하는 사람들이 나쁘기 때문에 심판받아 마땅하다는 논리다. 자숙경찰이라는 말에는 해로운 정의나 과도하게 정의를 집행하려는 사람을 모멸하는 의미가 포함되어 있다.

자신은 정의로운 사람이고, 사회적으로 이것이 정의라고 생각한다고 해도 그것이 독선적인 생각이라면 정의를 대단히 착각하고 있는 것이다.

중요한 점은 자신이 느끼는 정의에 일관성을 갖는 것이다. 트롤리 딜레마에서 생각했던 것처럼 정의는 조건에 따라 쉽게 변한다. 매번 정의가 변하면 사람들은 혼란스러워하고, 무엇이 정의인지 알 수 없게 된다. 트롤리 딜레마에서 보면 어떤 조건에서는 5명을 구하고 조건이 바뀐다면 1명을 구하는 것 같은 상태다.

아무리 조건이 변하더라도 정의에 일관성을 유지하는 것이 사회를 같은 편으로 만들 수 있는 포인트다. 이를 위해서는 얼마큼 자신의 의사를 굽히지 않고 명확하게 표현할 수 있는지 역시 매우 중요하다.

두 번째,
공감

앞에서 정의는 어느 정도의 수가 모이지 않으면 힘이 되지 않는다고 설명했다. 많은 사람이 공감하기 때문에 비로소 그 분노는 공분이 된다. 반면 다른 사람이 질투할 만한 요소가 있으면 공감받기 어렵다.

예전에 이런 사건이 있었다. 한 외국계 대기업에서 정년퇴직한 사람이 재취업했는데, 퇴직 전에는 약 1,000만 엔에 가까웠던 연봉이 재취업한 회사에서는 신입사원보다도 낮아졌다며 회사를 고소한 것이다. 재취업한 곳에서 하는 일은 이전 회사와 비교해도 아무것도 달라진 것이 없는데 급여만 떨어진 것은 노동계약법 위반이라는 주장이었다.

이 사건은 인터넷 뉴스에 실리면서 이틀 만에 4,300건이 넘는 댓글이 달렸다. 상당히 많은 사람이 관심을 보인 뉴스였다는 것을 알 수 있다. 이 사람은 회사에 대한 개인적인 감정으로 분노를 표명했다.

여기에서 내가 주목하고 싶은 부분은 이 사람의 분노가 공분이 될 수 있을까 하는 것이다. 일본에서는 이전부터 재취업 시 급여를 낮추는 것은 노동계약법상 문제가 되어왔다. 실제로 이 사건 이외에도 소송이 제기되어 노동자 측이 승소한 사례도 있다. 다시 말해 이 사람의 주장은 염치없는 주장이 아니라 사회에 문제 제기를 하고 널리 알리는 의미에서도 의의가 있다고 생각할 수 있다.

누구나 정년을 맞이하고, 또 누구나가 이와 비슷한 문제를 겪을 수 있다. 그런데 이 뉴스에 달린 댓글의 대부분은 그 사람의 행동에 대해 부정적인 반응을 보였다.

- 재취업된 것만으로도 감사하게 생각해야 한다.
- 정년 전에 연봉 1,000만 엔이 지나치게 높았다.
- 젊은 사람들에게 급여를 나눠주는 편이 좋다.
- 그 조건을 알았으면서 취업하지 않았나?
- 본인만 일을 잘한다고 생각하는 거 아닌가?

상당히 신랄한 댓글뿐이었다. 물론 회사를 고소한 그 사람에게 공감하여 옹호하는 댓글도 있기는 했지만 숫자로 보면 압도적으로 적었다.

인터넷상에서는 비판 댓글이 많아지는 경향이 있지만 그렇다고 해도 유난히 많은 사람들의 반감과 질투를 사고 있다는 인상이 들었다. 그 반감과 질투의 근원은 '지금까지 잘 살아왔으면서 무슨 불만인가?'라는 감정일 것이다.

통계상 가구 평균 연봉이 400만 엔 정도이고 그마저 벌지 못하는 사람도 많은데 연봉 1,000만 엔은 의심할 것도 없이 고소득이다. 이런 고소득 노동자는 지극히 소수이다. 고소득으로 풍요롭게 살다가 자신이 서민 수준이 되자 그 상황에 불복하는 것을 허용하기 어렵다는 분노이다.

재취업자의 처우 개선은 노동 시장 전체에 있어 긍정적이기 때문에 노동자 측에서 본다면 누구에게나 기쁜 일이 분명하다. 그런데 사람은 반드시 합리적으로만 상황을 생각하지 않는다. 논리를 이해하더라도 무언가 마음에 들지 않는다고 느끼게 마련이다. 이런 상황이 되면 이 소송을 일으킨 사람의 분노는 공분으로는 받아들이기 상당히 어려워진다.

많은 사람에게서 공감을 얻기 위해서는 많은 사람과 시선이 같은 높이에 있는지, 같은 경험을 했는지가 중요한 포인트가 된다.

이 재판에서 자신의 분노를 공분으로 만들고 싶었다면 자신의 입장을 내세울 것이 아니라 사회적 문제라는 인식을 줌으로써 많은 사람들이 자신의 일처럼 느낄 수 있도록 하는 편이 좋았을 것이다.

다시 말해 자신의 사적인 이익만을 추구하는 것이 아니라 같은 생각을 하는 사람들과 함께 싸우고 싶다는 메시지를 보낸다면 사람들이 받는 인상은 전혀 달라졌다는 이야기이다.

자신의 분노, 사분 안에서 가장 많은 사람의 '공감'을 이끌어낼 수 있는 부분을 제일 강조하여 주장하자. 알기 쉽고 이해하기 쉬운 것일수록 많은 사람의 공감을 무기로 삼을 수 있다.

세 번째,
시대성

사분을 공분으로 바꾸기 위한 세 가지 조건 중 마지막은 '시대성'이다. 시대성이란 그 시대에 맞는가 하는 문제다. 공감과도 겹치는 부분이 있는데, 더 강조하고 싶은 요소가 있기 때문에 여기에서 자세하게 설명하고자 한다.

예를 들어 당신이 흡연자라고 해보자. 요즘 시대에 흡연자가 설 자리가 점점 좁아지는 것에 분노를 느끼고 어디서든 자유롭게 흡연할 수 있는 권리를 얻고 싶다고 생각할 것이다. 그러면 이 사분은 공분이 될 수 있을까? 결론부터 말하자면 지금 시대성에서 본다면 상당히 어려울 것이다.

금연에 관한 건강증진법은 지속적으로 개정되어왔고, 원칙적으로 실내는 물론 지정된 곳 이외의 장소에서는 금연을 하도록 정해져 있다. 또한 간접흡연을 없애기 위한 홍보도 계속되고 있다. 이 움직임은 지금 시작된 것이 아니다. 2007년에 세계보건기구(WHO)가 간접흡연 방지를 위한 정책 권고를 하면서 간접흡연에서 벗어나자는 정책 제안을 했다. 당연히 처음에는 담배 회사에서 격렬한 반발이 일어났지만 많은 사람들의 공감을 얻어 담배 회사도 간접흡연 대책으로 흡연 구역이나 흡연 시간을 제한하는 등 흡연 매너에 관련된 홍보 활동을 시행하게 되었다. 이런 시대 배경과 과정이 있기 때문에 개인이 '흡연자의 권리 확대!'를 아무리 큰 소리로 외친다고 해도 시대에 맞는 움직임이 되지 못한다. 흡연자에게는 안타까운 일이지만 흡연자의 권리가 더욱 제한될 방향으로 움직일 것은 세계적으로 볼 때 틀림없는 일이다.

LGBTQ 성소수자 중 레즈비언, 게이, 바이섹슈얼, 트랜스젠더, 퀴어를 합하여 부르는 용어의 권리에 대해 생각한다면 어떨까?

이것은 시대적으로 볼 때 당연히 생각해야 하는 수순이라고 말할 수 있다. 인권에 대한 의식이 이전보다도 높아졌기 때문이다. 세계적으로 봐도 LGBTQ의 사람들이 살면서 확보해야 할 권리를 얻어나가고 있는 것은 틀림없다. 이렇게 지금 시대에 맞는가, 시류를 타고 있는가도 사분을 공분으로 바꿀 때 중요한 부분이다.

그러면 자신이 분노를 느끼지만 시대에 맞지 않거나 시류를 타고 있다고 생각되지 않는 것에 대해 어떻게든 사회의 힘을 빌려 공분으로 만들어 원하는 미래를 만들고 싶은 경우에는 어떻게 하면 좋을까?

미국의 컴퓨터 과학자 앨런 케이는 '미래를 예측하는 최선의 방법은 그것을 발명하는 것이다'라는 유명한 말을 남겼다. 자신의 분노가 시대에 맞지 않는다면 시대가 거기에 맞추도록 하면 된다는 발상이다.

시대를 만든다, 시대를 읽는다고 하면 일부 천재나 위대한 사람만 할 수 있는 일이라고 생각한다. 앞에서 소개한 민권 운동에 앞장서 투쟁한 마틴 루터 킹 목사도 백인과 흑인이 평등한 시대가 올 것이라는 신념 아래에서 행동했다.

그들은 분명 그 시대의 영웅이다. 영웅이란 공분을 떠맡고 있는 사람이라고도 말할 수 있다. 사회의 분노를 대변하는 사람이기 때문에 사람들은 그들을 영웅이라고 생각한다. 그들의 공통점은 미래에 대한 꿈이 터무니없이 커 보이더라도 그 꿈을 실현시키려 한다는 점이다.

시대를 만드는 사람은 자신이 꿈꾸는 미래와 같은 시대가 언젠가 올 것이라는 믿음을 많은 사람들에게 심어주고 그에 따라 사람들을 움직이게 하는 시스템을 만들어낼 수 있는 사람이다.

아무리 천재나 영웅이라고 하더라도 사람의 힘으로 할 수 있는 일은 한정되어 있다. 그 천재나 영웅이 특출난 이유는 큰 꿈을 이야기하기 때문이다. 이야기하는 꿈의 크기는 자신의 그릇 크기에 비례한다고 생각한다. 그릇이 큰 사람일수록 큰 꿈을 이야기한다. 반대로 그릇이 작은 사람이 이야기하는 꿈은 현실적이지만 꿈이라고 부를 만한 것이 되지 않는다. 꿈은 얼마든지 자유롭게 말할 수 있지만, 실제로는 의외로 쉽지 않다.

앞에서 소개한 이상적인 날을 상상하는 미라클데이 엑서사이즈에서도 제한을 두지 않고 자신의 이상을 생각하는 것은 어렵다고 설명했다. 자유롭게 생각해도 좋다고 해도 사람은 자신의 그릇 크기에 맞춰 발상이 한정된다. 만약 공분으로 무언가를 바꾸고 싶다면 많은 사람의 힘이 필요하다. 많은 사람이 정의라고 생각하고 공감을 할 때 큰 무기를 얻을 수 있는 것이다.

자신의 그릇이 크지 않으면 다른 사람이 따라오지 않는다. 그릇을 키울 수 있는 방법은 큰 꿈을 이야기하는 것이다. 그것도 터무니없이 큰 꿈, 다른 사람이 듣고 허풍이라고 생각할 정도의 큰 꿈을 이야기한다. 그릇이 작은 사람은 스스로 자신에게 제한을 걸기 때문에 꿈조차도 크게 말하지 못한다.

반대로 꿈을 크게 말할 수 있게 된다면 그것을 받아들이는 그릇도 커진다. 시대를 자신의 편으로 만들고 싶다면 터무니없이 큰 꿈을 이야기하고 그것이 정말로 실현될 것이라고 믿어야 한다. 그러면 시대는 자신의 편이 되어줄 것이다.

그 분노에
공감하는가?

　개인적인 분노인 사분이 과연 어떻게 사회의 정의가 되어 공감을 낳고 시대에 맞는 공분이 될까? 만약 본인의 분노가 공분이 될 법하다는 확신이 있다면 자신을 가지고 행동할 수 있을 것이다.

　최근에는 온라인을 통한 자선 활동과 사회를 변화시키기 위한 캠페인이 많이 이뤄지고 있다. 'change.org'라는 사이트는 2007년 2월에 미국에서 제작한 사이트로 개인이나 기업 등이 다양한 캠페인을 하기 위해 온라인에서 서명을 모을 수 있다.

　일본에서는 2020년 3월, 모리토모가쿠엔 문제학교법인 모리토모가쿠엔에 국유지를 매각하는 것과 관련한 재무성의 문서 위조 문제로 자살한 전 재무성 직원 아카기 도시오의 아내가 대리인인 변호사와 함께 '남편 아카기 도시오가 왜 자살에 몰려야 했는지 전문가로 구성된 제3자 위원회를 세워 공정하고 중립적인 조사를 실시해주기 바란다!'는 청원을 시작했다. 이 청원에 찬성하는 사람은 2020년 9월 기준으로 36만 명을 넘어섰다. 모리토모가쿠엔과 관한 일련의 문제에 대해서는 2018년 공문서 위조 문제 발각 당시보다 아베 정권에 대한 의문과 분노의 목소리가 높아졌다.

이렇게 많은 찬동 서명이 모이는 것은 무척 많은 사람이 이 문제에 대해 정의와 공감을 느끼고 공분으로 생각한다는 증거이다. 즉 당사자인 아카기 씨의 아내가 느낀 사분은 많은 사람의 공감을 얻어 공분이 되었다.

이런 시스템을 소셜 액션 플랫폼이라고 부른다. 소셜은 사회, 액션은 행동, 플랫폼은 장소라는 의미이기 때문에 사회적인 행동을 일으키는 장소라고 번역할 수 있다. 만약 자신이 느끼는 분노가 많은 사람이 공감할 만한 일인지 확인하고 싶다면 이런 소셜 액션 플랫폼을 활용하는 것도 좋은 방법이다.

분노의 에너지를 어디로 어떻게 향하게 할 것인가에 따라 변화의 무기가 될지 파멸의 무기가 될지 결정된다.

5장

분노를
받아들이는 용기

ANGRY

분노의 실패를
받아들여라

지금까지 일반적으로는 부정적이라고 생각하는 분노의 감정을 어떻게 하면 무기로 삼을 수 있을지 생각해보았다. 지금까지 이야기한 것을 실천할 수 있다면 분노를 무기로 사용하여 자신만이 아닌 주위 사람들의 인생도 풍요롭게 만들 수 있을 것이다. 다만 매번 반드시 분노를 무기로 삼을 수 있는 것은 아니다. 아무리 분노를 무기로 삼으려고 애를 써도 인간이라면 누구나 분노 때문에 실패할 수도 있다.

앵거 매니지먼트를 10년 넘게 하고 있는 나도 앵거 매니지먼트 측면에서 볼 때 그다지 좋지 않게 느껴지는 방법으로 화를 내기도 하고 반대로 화를 내지 못한 경험을 반복해왔다.

내 경우 분노에 휩쓸려 나도 모르게 불필요한 말을 한 적은 없었지만, 나중에 말하지 못했던 것이 종종 후회될 때가 있었다. 분노의 감정과 잘 지내기는 상당히 어렵다. 이 책을 읽는 독자 중에서도 어떤 일이 있어도 마음이 흐트러지지 않는 성인군자가 되고 싶은 사람은 적을 것이다. 그런 거창한 목표가 아니라, 평범한 일상생활을 하다가 또는 직장 생활을 할 때 분노에 휘둘리지 않고 분노를 무기로 삼을 수 있다면 좋겠다고 생각하는 사람이 대부분일 것이다.

"인간인 것을."

이 말은 일본 시인 아이다 미쓰오가 남긴 유명한 말이다. 인간이기 때문에 실패해도 당연하다. 나 역시 아무리 앵거 매니지먼트를 추구한다고 해도 분노에 따른 실패는 없애지 못할 것이다. 완벽주의를 목표로 삼으면 오히려 완벽하지 않은 자신에게 분노를 느끼는 일이 늘어나 건강하지 않은 상태가 된다.

그보다도 분노에 따른 실패를 깨닫는 것이 중요하고, 또한 어떻게 생각하여 행동할 것인지에 따라 분노를 무기로 삼을 수 있을지가 결정된다.

분노에 따른 실패를 깨닫지 못하는 사람, 실패를 받아들이지 못하고 얼버무리며 도망치거나 다른 사람 탓을 하는 사람은 분노를 무기로 삼지 못한다.

　분노를 무기로 삼을 때 생각해야만 하는 빅 퀘스천이 있었다. 자신의 실패를 깨닫지 못하는 사람은 주위 사람이 어떻게 느끼는지, 어떻게 생각하는지를 이해하는 능력이 부족하다. 이런 사람들의 분노는 늘 독선적이기 때문에 무기로 삼을 수 없다.

실패를
인정한다면

실패했을 때는 그 실패를 인정하고 받아들이는 것이 중요하다. 누구나 자신이 하는 말, 하는 행동이 어쩌면 틀렸을지도 모른다고 어렴풋이 느낀다. 자신의 분노 때문에 누군가에게 피해를 주고 있을지도 모른다거나, 혹은 자신을 괴롭게 하고 있을지도 모른다고 느낀 경험이 분명 있을 것이다.

하지만 어쩌면 지금 자신이 한 말이나 행동이 문제가 될 수 있다고 생각하면서도 대부분의 사람은 실패를 인정하거나 받아들이고 싶어 하지 않는다. 그 이유는 프라이드가 실패를 인정하는 걸 방해하기 때문이다.

프라이드를 사전에서 찾아보면 '자존심, 자긍심, 자부심'이라고 나온다. 프라이드가 높은 사람은 자신의 실패를 인정하면 자존심이 상한다고 생각하기 때문에 실패를 인정하지 않는다. 자신의 실패를 인정한 정도로 상처받을 프라이드는 허세일 뿐 프라이드라고 할 수 없다.

이 책에서 소개한 화를 내도 인망을 얻는 사람, 인기를 얻는 사람의 공통점은 미워할 수 없다는 점이다. 엄청 화를 내고 있는데 어쩐지 미워할 수 없고 오히려 애정이 느껴지는 사람이 결국은 사람을 끌어들인다. 그런 애정과 미워할 수 없게 만드는 매력은 화를 낸 후의 행동에서 나온다.

화를 낸 후에 조금도 반성을 하지 않는다면 사람들은 얄미운 사람이라고 생각한다. 혹은 화를 낸 후 누가 봐도 제 잘못이 분명한데 그 부분을 언급할 틈조차 주지 않는다면 상대하기 힘든 사람이라 생각하며 사람들은 멀어진다.

이런 사람은 어디에나 있을 것이다. 자신의 착각으로 심하게 화를 낸 후에 잘못된 사실을 깨달았지만 뒤늦게 사과할 수 없으니 화를 낸 것을 없었던 일처럼 행동하거나 자신이 화를 낸 것이 옳았다고 억지 논리를 펼치기도 한다.

주위에서 보면 혼자만의 착각으로 화를 낸 것이 훤히 보이는데 본인만 그 사실을 받아들이지 않는다. 이런 사람은 인기는커녕 대하기 힘든 사람으로 여겨진다. 미워할 수 없다거나 애정이 느껴지는 사람이라는 생각은 절대 들지 않는다.

분노를 무기로 삼을 수 있는 사람은 화를 낸 후에 그것이 조금이라도 잘못되었다는 생각이 들면 바로 그 잘못을 인정하고 필요하다면 사과할 수 있는 사람이다. 인간의 연약함을 그대로 보여주는 솔직함에 주위 사람은 인간미를 느끼기 때문이다.

이 책에서 소개한 역사상 분노하는 위인에게는 반드시 심복이라고 불리는 사람들이 있었다. 곁에 그들이 있었던 것은 자신들만이 그 사람의 약함, 솔직함, 인간적인 면을 이해할 수 있고 알아줄 수 있다는 자부심을 가지고 있었기 때문이다.

사람은 약한 사람에게 마음이 간다. 압도적으로 강한 사람은 누군가의 도움이 필요 없기 때문에 곁에 있을 이유가 없다. 따라서 보통 사람들은 강하고 기댈 만하지만 동시에 인간의 약함 역시 갖고 있는 사람을 따른다. 역설적이지만 자신의 약함을 인정할 수 있는 사람이 사실은 강한 사람으로 존경과 사랑을 받는다.

관여하지 않는
용기

분노의 결과가 좋지 않을 때는 분노하는 행동의 방식이 잘못되었기 때문이다. 지나친 말을 해서 남에게 모욕을 주었다면 그 발언 내용과 말하는 방식으로 인한 결과가 좋지 않은 것이다. 반대로 말을 하지 않아서 결과가 좋지 않았다면 화가 났는데 말하지 않은 행동이 문제였던 것이다.

자숙경찰을 자처한 사람들은 거리두기 수칙을 지키지 않는 사람들에게 분노를 느낀 후 가게에 '자숙하라'는 종이를 붙이거나 끊임없는 장난 전화를 하거나 다른 지방 번호판을 단 차량에 낙서를 하는 등의 분풀이를 한다.

이런 식으로 차오르는 분노를 이기지 못하고 문제 행동을 저지르지 않으려면 분노를 느꼈을 때 자신이 이 사건에 엮일 필요가 있는지 생각해보는 것이 중요하다.

우리의 인생에서 시간과 노력은 한정되어 있다. 분노를 느꼈을 때 어떤 행동을 하여 관여하는 것이 당연하다고 생각할 수도 있지만, 지금까지 몇 번이나 후회한 사안이라면 직접 관여하지 않는 것이 좋을지도 모른다.

특히 사람은 분노를 느낀 순간 한마디라도 말하지 않으면 지는 것처럼 느껴지는 경향이 있다고 한다. 하지만 관여하지 않는 선택지도 있다. 만약 지고 싶지 않다는 생각에 쉽게 관여하는 사람이라면 절대로 지지 않는 최강의 전략이 있다.

그것은 처음부터 싸움에 뛰어들지 않는 것이다. 싸우지 않는다면 절대로 지지 않는다. 그러기 위해서는 관여하지 않는 용기가 필요하다. 분노를 느꼈다면 우선 멈춰 서서 관여할 필요가 있는지 생각해보자.

도망치는,
퇴각 전략

아라가키 유이 주연의 일본 드라마 〈도망치는 건 부끄럽지만 도움이 된다(逃げるは恥だが役に立つ)〉는 방영 직후 많은 인기를 얻었다. 사실 이 문장은 헝가리 속담으로, 우리는 보통 도망치는 것을 부끄러운 일로 생각하는 경향이 있다.

지금까지 이 책에서는 분노를 무기로 삼아 맞서기 위해 어떻게 하면 좋은가를 중심으로 이야기해왔다. 하지만 도망치는 것도 실제로는 분노를 표출하는 하나의 방법이다.

미국에서 앵거 매니지먼트를 배울 때 제일 처음 배우는 말이 있다. 바로 '런(Run)!'이다. 직역하면 '달려!'가 되지만 여기에서는 '도망쳐!'라는 의미다.

일반적으로 그 자리를 피해 도망치는 것은 비열하고 어른스럽지 못한 행동이라고 생각할 수도 있다. 하지만 미국의 앵거 매니지먼트에서는 도망치는 것을 퇴각 전략이라고 말한다.

일본에서도 옛날부터 농민 사이에 이리저리 흩어져서 뿔뿔이 도망치는 도산(逃散)이라는 분노 표현 방법이 있었다. 농민이 영주의 착취에 대항하는 수단으로 농민 봉기가 먼저 떠오르지만 도산도 반복해서 일어났다. 도산은 농민이 영주에 대항하기 위해 살고 있던 장소에서 한꺼번에 떠나는 방법이었다. 지역을 관리하는 측에서 본다면 공물의 기초가 되는 노동력을 잃는 것이므로 도산은 허용할 수 없는 일이었다. 그래서 농민에게 주거의 이동 등을 엄격하게 금지했던 것이다.

분노 때문에 어떻게 할 수 없게 되었다면 더 이상 문제가 악화되기 전에 도망치는 것도 괜찮다. 도망치는 행위는 부끄러운 것이 아니라 분노를 표현하는 또 하나의 방법이다.

분노로
실수하지 않으려면

　분노 때문에 일이 잘못되는 것은 어쩔 수 없다고 해도 최대한 실수하지 않기 위해 예방선을 쳐둘 수는 있다. 그 방법은 다음 세 가지다.

　　1. 충동을 컨트롤한다.
　　2. 테를 두른다.
　　3. 분노와 거리를 둔다.

　우선 충동을 컨트롤하는 방법에 대해 살펴보자. 이것은 앵거 매니지먼트와 관련해서 분노를 느낀 순간의 반사적인 행동을 하지 않기 위한 방법이다.

　분노에 휘둘려 어떤 말이나 행동을 충동적으로 하게 되면 그 분노는 실패하게 된다. 분노의 충동을 견디지 못하고 분노를 느끼는 그대로 움직이기 때문에 추후에 문제가 되어 돌아올 수 있다. 반사적인 행동으로 좋은 결과가 나오는 경우는 극히 드물다.

반사적으로 움직이지 않고 일단 멈추는 적절한 시간은 6초다. 앵거 매니지먼트 분야에서는 '6초 규칙'이라고 부른다.

우리가 인간일 수 있는 이유는 이성이 있기 때문이다. 인간은 감정 그대로 행동하지 않고 이성에 따라 사회적으로 생각하여 행동할 수 있는 존재다. 다양한 설이 있지만, 감정이 생긴 후 이성이 개입하기까지 몇 초 정도 시간이 걸린다고 한다.

지금까지의 견해에 따르면 대부분의 사람은 적어도 6초의 여유만 있으면 이성이 개입한다고 알려져 있다. 이성이 개입하면 분노에 반사적으로 행동하지 않고 지나갈 수 있다. 6초 규칙을 들어본 적이 있는 사람도 있을지 모르겠다. 분노가 6초면 사라진다고 일부 오해하고 있는 사람도 있는데 분노가 6초 만에 사라지는 것은 아니다. 6초만 있으면 이성이 개입하여 냉정하게 생각하는 걸 시작할 수 있다는 의미다.

앵거 매니지먼트에서는 충동을 컨트롤하기 위해 다양한 방법을 알려주는데, 결과적으로는 6초 기다리는 것만으로도 충분하기 때문에 여기에서는 기본적인 내용에 대해서 설명하려고 한다.

가장 간단한 방법은 심호흡이다. 화가 치밀었을 때 일단 한숨 돌리자고 하는데 바로 말 그대로다. 6초 정도 들여 천천히 심호흡하는 것만으로 충분하다. 심호흡할 때 요령은 우선 숨을 내쉬는 것이다. 당연한 말이지만 숨을 내쉬지 않으면 들이쉴 수 없다.

숨을 끝까지 내쉬면 크게 들이마실 수 있다.

다음으로 '테를 두른다'에 대해 알아보자. 일본 속담에 '테가 풀렸다'는 표현이 있는데, 여기서 테는 나무통 둘레에 끼워 고정시키는 금속이나 대나무 등으로 만든 고리를 가리킨다. 바깥쪽에서 고정하고 있던 규칙이나 질서가 사라진 상태를 표현하는 말이다. 우리에게는 보이지 않는 테가 둘러져 있기 때문에 사회에서 인간답게 살아갈 수 있다.

일반적으로 나이가 들면 분노를 주체하지 못한다고 한다. 나이가 들면서 화를 쉽게 내게 되는 이유로 뇌의 일부가 수축하여 물리적으로 감정 조절이 어려워진다는 이야기도 있다. 다만 이보다 더 근본적인 문제는 사회 구성원으로서 일을 하던 시절에는 존재했던 테가 사라진 것이라고 볼 수 있다.

역무원을 폭행한 가해자의 약 4분의 1은 60대 이상이라고 한다. 60대 이상이면 많은 사람이 퇴직을 한 이후다. 직장을 다니고 있다면 자신의 그런 행동 때문에 받게 될 회사의 징계나 세간의 평가를 신경 쓰게 마련이다. 일종의 테가 끼워져 있는 것이다. 그런데 퇴직을 하면 우선 회사의 징계가 사라지고, 그런 행위를 저지르는 사람은 주변의 평가도 더 이상 신경 쓰지 않는다. 신경 쓰지 않는다기보다 사회적 관계와의 접점이 거의 사라졌기 때문에 세상에 대해 감각적으로 무뎌진 상태가 된다. 그러므로 그 행위를 했을 때 자신이 사람들에게 어떻게 보일지 상상할 수 없다.

우리에게 테가 되는 것은 커뮤니티다. 회사, 지역, 가족, 친구, 동아리 등 사람과의 교류가 테의 역할을 한다. 사람은 원래 약한 생물이다. 혼자 스스로 규칙을 엄격하게 지킬 수 있는 사람은 거의 없다. 이렇게 이런 이야기를 하고 있는 나도 다른 사람이 보지 않으면 해이해지면서 마음 내키는 대로 말하기도 하고 감정을 느끼는 그대로 행동하고 싶다는 생각이 든다.

테가 풀려버린 상태에서는 평소에는 하지 않을 일을 저지르기 쉽다. 자기 외부에 자신을 규제하는 무언가가 있다면 사회적인 태도를 지킬 수 있다.

자신의 테가 되는 커뮤니티가 있는가? 또 그 커뮤니티 안의 사람은 분노로 인해 실패했을 때 주의나 조언을 해주는가?

나이를 먹거나 사회적인 위치가 올라가면 자신에게 솔직한 의견을 해주는 사람이 줄어든다. 누군가에게 어떤 말도 들을 수 없는 환경은 쾌적하기보다 고독하다. 그리고 그 고독을 없애기 위해 관여하지 않아도 되는 것에 적극적으로 관여하여 실패한다. 실례로 공공장소에서 전혀 모르는 사람에게 예의가 없다거나 규칙을 지키지 않는다고 화를 내는 사람을 볼 수 있는데, 화를 내는 사람은 평소 자신을 받아들여주는 커뮤니티가 없는 사람일 가능성이 크다. 자신을 받아들여주는 장소가 없기 때문에 다른 사람들이 받아주지 않는다고 느끼고, 누구든 상관없이 관심 가져주기를 바라는 마음에 다른 사람에게 쓸데없는 간섭을 한다.

고독은 전형적으로 부정적인 감정이며, 분노의 불길을 태우는 에너지원이다. 고독감이 큰 사람은 쉽게 분노의 불길을 태워 올린다.

자신이 폭주하지 않기 위해서, 길에서 벗어나지 않기 위해서 커뮤니티에 들어가자. 물론 고독을 즐길 수 있는 사람, 고독한 편이 더 마음 편한 사람도 있다. 그런 사람은 무리해서 커뮤니티에 들어갈 필요는 없다. 반대로 커뮤니티에 들어가서 불필요한 분노를 느끼는 경우가 있기 때문이다.

이제 마지막으로 '분노와 거리를 둔다'이다. 분노와 거리를 둔다는 것은 화를 내는 사람 가까이 가지 않거나 화가 느껴지는 것을 보지 않고, 듣지 않는 방법이다.

미국의 기업가이자 작가로 활약한 짐 론은 함께 있는 시간이 가장 긴 사람 5인의 평균이 자신이 된다고 말했다. 자신의 상황을 바꾸고 싶다면 만나는 사람을 바꾸라는 의미다. 분명 평소 만나는 사람은 자신과 비슷한 사람이 많을 것이다.

어렸을 때는 자신의 집 가까이 사는 친구들과 함께 어울린다. 이웃에 사는 사람들은 대체로 사회적으로 비슷한 위치에 있는 가정일 것이다. 학교에 가면 한 동네의 비슷한 환경에서 자란 아이들이 모이고, 만약 사립 학교에 간다면 그 사립 학교에 합격할 만한 환경에서 자란 아이들이 모인다. 사회에 나와 일을 하기 시작해서 주변을 둘러보면 자신이 상상할 수 있는 범위 안의 사람들뿐이다.

만나는 사람 중에 자신과 전혀 다른 상황에 있는 사람은 거의 없다. 왜냐하면 자신과 지나치게 차이가 나면 함께 있어도 이야기할 거리가 많지 않고 생각도 달라서 불편해지기 때문이다. 우리는 그만큼 비슷한 사람을 만나고 만나는 사람에 따라 자신도 큰 영향을 받아 변한다.

즉 평소에 분노를 잘 다루는 사람과 함께 있으면 그 사람들한테서 상당히 큰 영향을 받아 자신도 그렇게 될 가능성이 높다.

분노의 감정이 생기기 쉬운 현대 사회에 어떻게 분노와 거리를 둘지는 자신을 지키기 위해서도 중요해졌다.

분노의 파도에
휩쓸리지 마라

지금까지 분노에 휘둘리지 않고 분노를 활용하여 삶의 무기로 삼을 수 있는 사람이 되기 위한 방법을 생각해보았다. 그렇다면 우리가 지금까지의 모습에서 벗어나기 위해서는 어느 정도의 시간이 필요할까?

사람은 사흘이면 변할 수 있다. 겨우 사흘의 시간이면 충분할지 의문이 들 수도 있지만 이 의문에 대한 답은 다음 말이 알려준다.

'士別三日則更刮目相對'

'노력하고 있는 사람은 사흘이 지나면 크게 성장하게 마련이다, 다시 만났을 때에는 선입관을 버리고 주의를 기울여 잘 살펴보는 것이 좋다'라는 의미다.

이 말은 『삼국지』에 등장하는 여몽이라는 인물의 에피소드에서 유래했다. 여몽은 적벽전투에서 큰 공을 세운 장군 중 한 명으로, 무예가 상당히 뛰어난 사람이었지만 학문은 그렇지 못했다. 그런 여몽에게 주군이었던 손권은 학문과 식견을 키우라고 조언했고, 여몽은 학문에 힘을 쏟아 당시 엘리트들을 뛰어넘을 정도로 자신을 갈고닦았다. 그 모습을 본 장군 노숙이 여몽의 변화에 깜짝 놀라고 말았는데, 그때 여몽이 한 말이 앞의 말이다.

흔히 사람은 쉽게 변하지 않는다고 많이 이야기한다. 그런데 노력을 하는 사람은 겨우 사흘 만에도 변한다고 『삼국지』에도 기록되어 있다니 얼마나 마음 든든해지는 말인지 모르겠다.

지금부터 무언가를 배우기 시작하거나 도전해도 결코 늦지 않다. 분노를 무기로 삼기 위한 노력도 언제든 시작할 수 있다. 그리고 사흘만 있다면 다른 사람이 깜짝 놀랄 만큼 성장할 수 있는 것이다.

이 책에서는 앵거 매니지먼트의 시점으로 분노를 무기로 삼기 위한 방법에 대해 이야기했다.

앵거 매니지먼트가 가능한 사람과 그렇지 않은 사람의 차이를 설명할 때 수영을 할 수 있는 사람과 그렇지 않은 사람을 예로 들면 이해하기 쉬울 것 같다.

인생을 살아가면서 분노와 관련된 문제는 얼마든지 생길 수 있다. 수영을 잘하는 사람은 물속에서 힘을 빼고 최소한의 힘으로 능숙하게 물살을 헤치며 앞으로 나아간다. 반면 수영을 잘하지 못하는 사람은 온몸에 힘이 들어가 큰 동작으로 첨벙거리지만 앞으로 나아가지는 못한다.

분노도 마찬가지다. 큰 소리를 내고 과도하게 이런저런 소란을 일으키면 생각만큼 앞으로 나아갈 수 없다. 바다에서 수영을 하다가 큰 파도에 휩쓸리거나 조류에 밀려 생각도 하지 못한 방향으로 흘러갔을 때 수영을 잘하는 사람은 일단 몸에서 힘을 빼고 물 위에 떠 있을 수 있다. 무턱대고 움직이다가는 체력을 낭비할 뿐이기 때문에 쓸데없이 움직여 힘을 소비하지 않는다. 또 긴장을 풀면 몸이 물 위에 뜬다는 것을 이해하고 있으니 냉정하게 사고하여 판단할 수 있다.

반대로 수영을 잘하지 못하는 사람은 당황하여 불필요하게 몸을 움직여 체력을 소모한다. 물에 빠진 사람은 지푸라기라도 잡으려고 한다는 말이 있듯 무엇에라도 어떻게든 매달리려고 한다. 그런 모습은 분노에 휘둘려 마구잡이로 인터넷에 비방하는 글을 올리거나 자숙경찰이 되어 누군가를 열심히 끌어내리려는 모습과 비슷하다.

앵거 매니지먼트가 가능하면 위기의 상황에서도 불필요하게 움직여 스스로를 망치지 않는다. 또한 누군가를 무의식중에 끌어들여 손해를 입히는 일도 저지르지 않는다.

분노의 감정에 빠지지 마라. 몸에서 불필요한 힘을 빼고 긴장을 푼 후 분노를 마주 대하자. 분노는 우리의 인생을 더욱 풍요롭게 해줄 감정이기 때문이다.

분노에 따른 실패를 깨닫고, 어떻게 생각하여 행동할 것인지에 따라 분노를 무기로 삼을 수 있을지가 결정된다.

에필로그

나는 대부분의 일을 비교적 낙관적으로 생각하는 편이다. 그러다 보니 '나는 괜찮다'는 편견이 생기기 쉽다. 그런 나도 코로나 19라는 팬데믹 상황을 맞이하자 마냥 낙관적으로 생각하기 힘들었다. 안타깝게도 이 시대는 긴 내리막길에 접어들 것으로 예상된다.

시대가 오르막길에 있다면 다소 실패하더라도 사회 전체적으로는 위를 향해 나아가기 때문에 행복을 느낄 수 있는 사람의 절대적인 수도 늘어난다. 그런데 내리막길 시대는 지금까지와 똑같이 움직여도 순조롭게 풀리지 않는 경우가 늘어나기 때문에 행복을 느낄 수 있는 사람의 절대적인 수는 줄어든다.

이런 때에는 부정적인 감정이 평소보다도 더 커지면서 비관적인 상태가 되게 마련이다.

이 책에서는 분노가 생기는 메커니즘을 라이터 원리로 설명했다. 마이너스 감정과 상태는 분노의 불꽃에 에너지를 공급하는 가스의 역할을 한다.

미래가 보이지 않는 시대가 되면 불안, 초조, 공포 같은 감정이 커질 것이다. 마이너스 감정이 되는 가스가 마음속에 가득 차기 때문에 평소라면 하지 않을 말이나 행동을 하게 되고 순식간에 분노의 불길이 치솟아 오르는 일이 늘어날 것이다.

우리는 아무리 애를 써도 분노를 내려놓을 수는 없다. 분노는 인생에서 마음 든든한 내 편이 되어줄 감정이지만 때로는 인생을 망치는 감정이 될 수도 있다.

만약 분노를 부정적인 방향으로 향하게 두면 분노를 품은 인간은 자포자기하여 파괴적인 행동 외에는 선택지가 없다고 오인하게 된다. 나는 분노에 잠식되어 스스로 자신의 몸을 태워버리는 사람들이 늘어나는 지금의 상황이 무척 걱정된다.

이 책에서는 마이너스 방향으로 향하기 쉬운 분노를 어떻게 하면 무기로 삼아 건설적인 방향으로 살려낼지 사회적인 사건과 앵거 매니지먼트 시점에서 그 방법론을 소개했다. 이 방법론을 지금처럼 분노에 휩싸이는 시기에 잘 활용할 수 있다면, 그리고 우리가 분노를 느낄 때 그 감정을 항상 건설적인 방향으로 돌릴 수 있다면 사회적으로도 유익한 일이 될 것이다. 많은 사람이 분노의 감정은 자신과 사회를 풍요롭게 하는 감정이라고 이해할 수 있다면 분노를 느꼈다고 하더라도 그 순간이야말로 이 분노를 좋은 방향으로 살릴 수 있는 기회라고 생각할 테니까 말이다.

앞으로 찾아올 시대에 대해 무척 비관적이라고 앞에서도 이야기했지만, 한편으로는 지금 상황이 어떤 의미에서는 무척 밝은 전조라는 생각도 든다. 그 이유는 지금의 이런 큰 변화가 지금까지 미뤄왔던 문제를 다시 살펴볼 다시없을 기회이기 때문이다.

일상 속에서 의문과 분노를 느껴도 일이 너무 바빠서 무엇부터 손을 대면 좋을지 생각할 여유조차 없었던 사람들도 원격이나 재택근무 등으로 인해 활용 가능한 시간을 얻을 수 있게 되었고, 그 시간을 통해 미래에 대해 좀 더 생각할 수 있게 되었다.

훗날 지금을 떠올리며 그때 문제와 마주하여 자신의 분노와 인생에 대해 생각한 덕분에 비로소 자신이 있다고 감사해할 날이 올 것이라고 믿는다.

코로나로 모두가 힘든 시대이기 때문에 더욱 분노에 대한 인식을 새롭게 하고 분노의 감정을 긍정적으로 받아들여 어떻게 하면 이 분노를 유익한 것으로 살려낼지 한 명이라도 더 많은 사람이 생각해주었으면 하는 바람이다. 그러기 위한 디딤돌로 이 책이 큰 역할을 해준다면 더할 나위 없이 기쁠 것이다.

안도 슌스케

분노의 에너지가
더 좋은 세상을 만들기를

우리는 흔히 기계와 인간의 차이로 감정을 꼽는다. AI가 아무리 뛰어나게 발전한다고 해도 인간과 같은 감정을 느낄 수는 없다. 인간은 다양한 감정을 느낀다. 하지만 이런 인간의 특권인 감정이 때로는 방해꾼처럼 느껴지기도 한다. 빠르게 흘러가는 현대 사회에서는 어떤 일이든 감정에 휘둘리지 않고 이성적이고 효율적으로 처리해나가고 싶다는 생각마저 들 때도 있다. 하지만 과연 우리가 아무런 감정도 느끼지 않는다고 해도 정말 모든 일이 효율적으로 진행될까?

우리는 지금까지 불안, 괴로움, 슬픔, 분노 같은 부정적인 감정을 나쁜 것으로 여겨왔다. 마치 느껴서는 안 되는 것이라 생각하며 그런 감정을 느끼는 자신에게 죄악감마저 드는 것이다. 하지만 인간이 느끼는 감정은 살아가면서 더욱 풍요로운 삶을 만들기 위해 상당히 중요한 역할을 한다. 언제부터 인간은 감정을 불필요한 것으로 여기게 되었는지, 우리는 왜 감정에 휘둘리지 않아야 한다고 배우며 살아왔는지 『당신의 분노는 무기가 된다』를 통해 충분히 이해할 수 있게 되었다.

우리는 오랫동안 감정을 드러내지 않는 것을 미덕이라고 배우며 감정을 부정해왔다. 그러니 감정이 중요한 역할을 한다고 이해했더라도 하루아침에 내 감정과 솔직하게 마주하기는 결코 쉽지 않다. 하지만 우리가 부정적으로 생각해왔던 분노라는 감정은 잘 다룰 수 있다면 세상을 바꾸는 큰 힘이 된다. 그래서 나는 분노를 제대로 마주하고 잘 다루는 방법으로 『당신의 분노는 무기가 된다』에서 소개하는 앵거 매니지먼트를 주목해보고 싶다.

앵거 매니지먼트는 1970년대에 미국에서 만든 심리 트레이닝이다. 원래는 가정 폭력을 겪은 이나 불평등한 대우를 받는 소수자의 정신 건강 프로그램이었던 것이 내용을 보완하여 앵거 매니지먼트로 발전했다고 한다. 또한 2001년에 일어난 세계 동시다발 테러 사건으로 사회가 불안해지자 미국 내에서 앵거 매니지먼트가 순식간에 보급되었다. 50년에 가까운 시간이 흐른 지금은 미국 전역의 기업과 교육기관 등에서 이 프로그램을 도입하고 있고, 프로 운동선수의 멘탈 트레이닝에도 활용되고 있다.

　일본에 앵거 매니지먼트가 알려진 지는 10년 정도로 최근 파워해러스먼트가 기업의 문제가 되고, 코로나 바이러스 확산으로 불안이 커지면서 더욱 많은 사람들이 관심을 갖게 되었다. 코로나 바이러스가 불러온 팬데믹 사태로 많은 사람들의 일상은 순식간에 바뀌었다. 이전에 누리던 많은 것들이 제한받는 상황에서 사람들의 스트레스와 우울 지수는 그 어느 때보다 높아진 것이다. 그래서인지 각종 뉴스와 SNS에서는 분노가 엉뚱하게 표출되는 상황을 자주 마주하게 된다. 그 어마어마한 에너지를 조금 더 세상을 좋게 바꾸는 쪽으로 돌릴 수는 없을까.

　많은 것이 제한받는 상황은 자신에게 집중할 수 있는 기회이기도 하다. 이번 기회에 자신의 감정에 집중하여 자신이 무엇에 예민하게 반응을 하는지, 자신이 정말로 중요하게 생각하는 가치관이 무엇인지, 무엇을 좋아하고 싫어하는지 차분히 돌아보는 시간을 가진다면 어떨까. 그래서 가장 강한 에너지를 가지고 있다는 분노를 잘 다루게 되는 사람이 많아져서 세상이 점점 더 좋아지기를 바라본다.

부윤아

당신의 분노는 무기가 된다

초판 1쇄 2021년 6월 30일
초판 3쇄 2022년 10월 25일

지은이 | 안도 슌스케
옮긴이 | 부윤아
펴낸이 | 송영석

주간 | 이혜진
기획편집 | 박신애 · 최예은 · 조아혜
외서기획편집 | 정혜경 · 송하린
디자인 | 박윤정 · 유보람
마케팅 | 김유종 · 한승민
관리 | 송우석 · 전지연 · 채경민

펴낸곳 | (株)해냄출판사
등록번호 | 제10-229호
등록일자 | 1988년 5월 11일(설립일자 | 1983년 6월 24일)

04042 서울시 마포구 잔다리로 30 해냄빌딩 5 · 6층
대표전화 | 326-1600 **팩스** | 326-1624
홈페이지 | www.hainaim.com

ISBN 979-11-6714-004-3